La cuisine paléo 2023

Des recettes saines pour une vie équilibrée

Camille Rousseau

Table des matières

Côtes levées fumées aux pommes et sauce moutarde au carlin 8
Déchiré 8
Plonger 8
Côtes levées de porc au barbecue avec salade d'ananas frais 11
porc épicé 13
Goulache 13
chou 13
Marinara de boulettes de viande de saucisse italienne avec des tranches de fenouil et des oignons frits 15
Boulettes de viande 15
Marinara 15
Barquettes de courgettes farcies au porc au basilic et pignons de pin 18
Bols de nouilles au porc avec curry d'ananas, lait de coco et herbes 20
Empanadas épicées au porc grillé avec salade de concombre acidulée 22
Pizza aux courgettes avec pesto à base de tomates séchées, poivrons et saucisse italienne 24
Jarret d'agneau fumé au citron et coriandre avec asperges grillées 27
ragoût d'agneau 30
Ragoût d'agneau aux nouilles de céleri-rave 32
Côtelettes d'agneau sauce épicée à la grenade et aux dattes 34
chutney 34
côtelettes d'agneau 34
Côtelettes d'agneau chimichurri avec suée de chou radicchio 36
Côtelettes d'agneau à l'ancho et tartinade de sauge avec sauce tartare de carottes et patates douces 38
Burger d'agneau farci du jardin au coulis de paprika 40
Coulis de Poivre 40
Hamburger 40
Brochettes d'agneau au double origan et sauce tzatziki 43
jarret d'agneau 43
Sauce tzatziki 43
Poulet grillé au safran et citron 45

Poulet Spatchcocked avec Salade de Jicama	47
Poulet	47
Salade De Chou	47
Pilons de poulet grillés avec vodka, carottes et sauce tomate	50
Rôti de poulet et frites de rutabaga	52
Coq au vin aux trois champignons et purée de navets	54
Pilons glacés à l'eau-de-vie de pêche	57
Glaçage à l'eau-de-vie de pêche	57
Poulet mariné au Chili avec salade mangue melon	59
Poulet	59
salade	59
Cuisses de poulet façon tandoori avec raïta de concombre	62
Poulet	62
Concombre Raïta	62
Ragoût de poulet au curry avec légumes-racines, asperges et saveur de pomme verte et menthe	64
Salade de poulet grillé aux framboises, betteraves et amandes grillées	66
Poitrine de poulet farcie de brocoli avec sauce tomate fraîche et salade César	69
Wraps de brochette de poulet grillé avec légumes épicés et sauce aux pignons de pin	72
Blanc de poulet au four avec champignons, chou-fleur braisé à l'ail et asperges rôties	74
Soupe au poulet à la thaïlandaise	76
Poulet grillé au citron et sauge à la scarole	78
Poulet aux oignons nouveaux, cresson et radis	81
poulet tikka masala	83
Cuisses de poulet ras el hanout	86
Cuisses de poulet marinées à la carambole sur épinards sautés	88
Tacos au poulet et au chou poblano avec mayonnaise chipotle	90
Ragoût de poulet aux mini-carottes et bok choy	92
Poulet frit aux noix de cajou et orange et poivre sur papier salade	94
Poulet vietnamien à la noix de coco et à la citronnelle	96
Poulet grillé et salade de pommes	99
Soupe de poulet toscane aux rubans de chou frisé	101
larb de poulet	103
Burger de poulet avec sauce aux noix de cajou du Sichuan	105

Sauce aux noix de cajou du Sichuan 105

Wrap au poulet turc 107

Poulets espagnols de Cornouailles 109

Magret de canard à la grenade et salade de jicama 112

Dinde rôtie à la purée de racine d'ail 114

Poitrine de dinde farcie sauce pesto et roquette 117

Poitrine de dinde assaisonnée avec sauce BBQ aux cerises 119

Filet de dinde au pain au vin 121

Poitrine de dinde rôtie sauce ciboulette et crevettes 124

Dinde rôtie aux légumes racines 126

Pain de viande de dinde aux herbes, sauce aux oignons caramélisés et bateaux de choux rôtis 128

Turquie Posole 130

bouillon d'os de poulet 132

Saumon Harissa Vert 135

Saumon 135

Harissa 135

Graines de tournesol assaisonnées 135

salade 136

Saumon grillé avec salade d'artichauts marinés 139

Saumon à la sauge et au piment rôti Instant Pot avec salsa aux tomates vertes 141

Saumon 141

ketchup vert 141

Saumon Rôti et Asperges en Papillote au Pesto Citron Noisette 144

Saumon épicé avec sauce aux champignons et aux pommes 146

Sole en papillote avec julienne de légumes 149

Tacos au pesto de roquette avec crème à la lime fumée 151

Pavés de cabillaud et courgettes grillés avec une sauce épicée à la mangue et au basilic 154

Cabillaud poché au Riesling et tomates farcies au pesto 156

Cabillaud grillé en croûte de pistaches et coriandre sur purée de patates douces 158

Cabillaud au romarin et mandarine avec brocoli rôti 160

Wrap de salade de curry de morue aux radis marinés 162

Haddock frit au citron et fenouil 164

Vivaneau en croûte de noix de pécan avec sauce tartare de gombo cajun et tomates 166

- Empanadas de thon à l'estragon avec avocat et aïoli au citron ... 169
- tajine oursin rayé ... 172
- Bouillabaisse aux fruits de mer ... 174
- Ceviche de crevettes classique ... 177
- Salade aux crevettes et épinards en croûte de noix de coco ... 180
- Ceviche aux crevettes tropicales et pétoncles ... 182
- Crevettes à l'ail avec épinards fanés et radicchio ... 184
- Salade de crabe à l'avocat, pamplemousse et jicama ... 186
- Bouillon de queue de homard cajun avec aïoli à l'estragon ... 188
- Moules sautées à l'aïoli au safran ... 190
- Frites de panais ... 190
- Aïoli au safran ... 190
- coquille bleue ... 190
- Saint-Jacques poêlées sauce betterave ... 193
- Pétoncles grillés sauce concombre et aneth ... 196
- Pétoncles grillés avec tomates, huile d'olive et sauce aux herbes ... 199
- Pétoncles et sauce ... 199
- salade ... 199
- Chou-fleur au cumin rôti au fenouil et oignons perlés ... 201
- Sauce épaisse aux tomates et aubergines avec courge spaghetti ... 203
- Champignons Portobello farcis ... 205
- radicchio rôti ... 207
- Fenouil rôti à la vinaigrette à l'orange ... 208
- Chou de Milan à la punjabi ... 211
- Courge musquée rôtie à la cannelle ... 213
- Asperges grillées avec un oeuf tamisé et des noix ... 214
- Salade de chou croustillante aux radis, mangue et menthe ... 216
- Rondelles de chou rôties à la vache au citron ... 217
- Chou Rôti au Spray Balsamique à l'Orange ... 218

COTES LEVEES FUMEES AUX POMMES ET SAUCE MOUTARDE AU CARLIN

PLONGER : 1 heure Repos : 15 minutes Fumé : 4 heures Cuisson : 20 minutes Rendement : 4 portionsLACHE

SAVEUR RICHE ET TEXTURE CHARNUE.COTES LEVEES FUMEES, VOUS AVEZ BESOIN DE QUELQUE CHOSE DE FRAIS ET DE CROUSTILLANT POUR L'ACCOMPAGNER. PRESQUE N'IMPORTE QUELLE SALADE FERA L'AFFAIRE, MAIS LA SALADE DE FENOUIL (VOIRORDONNANCEET SUR LA PHOTOICI), EST PARTICULIEREMENT BON.

DECHIRE

- 8 à 10 morceaux de bois de pommier ou de noyer
- 3 à 3½ livres de longe de porc
- ¼ tasse d'épices fumées (cfordonnance)

PLONGER

- 1 pomme moyenne, pelée, évidée et tranchée finement
- ¼ tasse d'oignon haché
- ¼ tasse d'eau
- ¼ tasse de vinaigre de cidre de pomme
- 2 cuillères à soupe de moutarde de Dijon (cfordonnance)
- 2 à 3 cuillères à soupe d'eau

1. Faire tremper les copeaux de bois dans suffisamment d'eau pour les recouvrir au moins 1 heure avant de fumer. Égoutter avant utilisation. Enlevez le gras visible des côtes. Si nécessaire, retirez la fine membrane à l'arrière des côtes. Placer les côtes dans une grande casserole peu profonde. Saupoudrer uniformément les épices à encens sur le dessus ; frotter avec les doigts. Laisser à température ambiante pendant 15 minutes.

2. Placez les charbons préchauffés, les copeaux de bois égouttés et une casserole d'eau dans le fumoir selon les instructions du fabricant. Versez de l'eau dans la casserole. Placer les côtes, côté os vers le bas, sur une grille au-dessus d'une casserole d'eau. (Ou placez les côtes levées sur une grille, placez les côtes levées sur une grille.) Couvrez et fumez pendant 2 heures. Maintenir une température d'environ 225°F à l'intérieur du fumoir tout au long du fumage. Ajouter plus de charbon de bois et d'eau au besoin pour maintenir la température et l'humidité.

3. Pendant ce temps, pour la sauce vadrouille, combiner les tranches de pomme, l'oignon et ¼ tasse d'eau dans une petite casserole. porter à ébullition; réduire la fièvre. Couvrir et laisser mijoter de 10 à 12 minutes ou jusqu'à ce que les tranches de pomme soient très tendres, en remuant de temps à autre. Laisser refroidir légèrement; Sans eau, transférer les pommes et les oignons dans un robot culinaire ou un mélangeur. Couvrir et traiter ou mélanger jusqu'à consistance lisse. Reversez le porridge dans la casserole. Ajouter le vinaigre et la moutarde de Dijon. Laisser mijoter à feu moyen pendant 5 minutes en remuant de temps en temps. Ajouter 2 à 3 cuillères à soupe d'eau (ou plus au besoin) pour faire la sauce comme une vinaigrette. Diviser la sauce en trois.

4. Au bout de 2 heures, enrober généreusement les côtes d'un tiers de la sauce mopping. Couvrez et fumez encore 1 heure. Badigeonner à nouveau avec un autre tiers de la sauce vadrouille. Enveloppez chaque côte dans du papier d'aluminium épais et remettez les côtes au fumage, en les

empilant les unes sur les autres si nécessaire. Couvrir et fumer encore 1 à 1 ½ heure ou jusqu'à ce que les côtes soient tendres. *

5. Réserver les côtes et badigeonner avec le tiers restant de la sauce vadrouille. Pour servir, coupez les côtes entre les os.

*Astuce : Pour tester la tendreté des côtes levées, retirer délicatement le papier d'aluminium d'une feuille de côtes levées. À l'aide de pinces, soulevez la plaque de nervure et maintenez la plaque contre le quart supérieur de la plaque. Retournez la côte de manière à ce que le côté viande soit vers le bas. Si les nervures sont molles, le panneau devrait s'effondrer lorsqu'il est soulevé. Si elles ne sont pas tendres, enveloppez-les de nouveau dans du papier d'aluminium et continuez à fumer les côtes jusqu'à ce qu'elles soient tendres.

COTES LEVEES DE PORC AU BARBECUE AVEC SALADE D'ANANAS FRAIS

DEVOIRS:Cuisson 20 minutes : Cuisson 8 minutes : 1 heure 15 minutes Rendement : 4 portions

LES COTES DE PORC CAMPAGNARDES SONT CHARNUES,PEU COUTEUX ET AVEC UNE MANIPULATION CORRECTE, PAR EX. B. CUISSON LENTE ET CUISSON DANS UNE SAUCE BARBECUE EPAISSE, ILS RAMOLLIRONT AU POINT DE FONDRE.

2 livres. Côtes de porc désossées style campagnard
¼ cuillère à café de poivre noir
1 cuillère à soupe d'huile de noix de coco raffinée
½ tasse de jus d'orange frais
1½ tasse de sauce BBQ (cf ordonnance)
3 tasses de chou frisé et/ou de chou rouge râpé
1 tasse de carottes râpées
2 tasses d'ananas haché finement
⅓ tasse de vinaigrette légère aux agrumes (cf ordonnance)
sauce barbecue (cf ordonnance) (Facultatif)

1. Préchauffer le four à 350°F. Saupoudrer le porc de poivre. Chauffer l'huile de noix de coco dans une très grande poêle à feu moyen-vif. ajouter le porc; Cuire de 8 à 10 minutes ou jusqu'à ce qu'ils soient dorés et dorés uniformément. Disposez les côtes levées dans une cocotte carrée de 3 litres.

2. Pour la sauce, ajouter le jus d'orange dans la poêle et remuer pour gratter les morceaux bruns. Ajouter 1½ tasse de sauce barbecue. Verser la sauce sur les côtes. Retourner les côtes pour les enrober de sauce (utiliser un pinceau à pâtisserie pour badigeonner la sauce sur les

côtes, si nécessaire). Couvrez bien la cocotte de papier d'aluminium.

3. Cuire les côtes pendant 1 heure. Retirer le papier d'aluminium et badigeonner de sauce de la cocotte. Cuire 15 minutes supplémentaires ou jusqu'à ce que les côtes soient tendres et dorées et que la sauce ait légèrement épaissi.

4. Pendant ce temps, pour la salade d'ananas, mélanger le chou frisé, les carottes, l'ananas et la vinaigrette légère aux agrumes. Couvrir et mettre au réfrigérateur jusqu'au moment de servir.

5. Servir les côtes levées avec de la salade et de la sauce BBQ supplémentaire, si désiré.

PORC EPICE

DEVOIRS:20 minutes de cuisson : 40 minutes. Rendement : 6 portions

CE RAGOUT HONGROIS EST SERVISUR UN LIT DE CHOU CROUSTILLANT A PEINE FANE POUR UN REPAS A UN PLAT. ÉCRASEZ LES GRAINES DE CUMIN DANS UN MORTIER ET UN PILON SI VOUS EN AVEZ UN SOUS LA MAIN. SINON, APPUYEZ SOUS LE COTE LARGE DU COUTEAU DE CHEF EN APPUYANT DOUCEMENT SUR LE COUTEAU AVEC VOTRE POING.

GOULACHE

1½ livre de porc

2 tasses de poivrons rouges, oranges et/ou jaunes hachés

¾ tasse d'oignon rouge finement haché

1 petit piment rouge frais, épépiné et haché finement (cfmaigre)

4 cuillères à café d'épices à encens (cfordonnance)

1 cuillère à café de cumin moulu

¼ cuillère à café de marjolaine ou d'origan moulu

1 boîte de 14 onces de tomates en dés non salées, non égouttées

2 cuillères à soupe de vinaigre de vin rouge

1 cuillère à soupe de zeste de citron finement râpé

⅓ tasse de persil frais haché

CHOU

2 cuillères à soupe d'huile d'olive

1 oignon moyen, tranché

1 chou frisé ou chou violet, évidé et tranché finement

1. Pour le goulasch, dans un grand faitout, faire cuire le porc, les poivrons et les oignons à feu moyen-élevé pendant 8 à 10 minutes, ou jusqu'à ce que le porc ne soit plus rose et que les légumes soient tendres et croquants, en remuant avec un cuillère en bois. pour briser la viande en

morceaux. Versez le gras. Réduire le feu au minimum; ajouter les piments rouges, les épices fumées, le cumin et la marjolaine. Couvrir et cuire 10 minutes. Ajouter les tomates non égouttées et le vinaigre. porter à ébullition; réduire la fièvre. Couvrir et laisser mijoter 20 minutes.

2. Entre-temps, pour le chou, chauffer l'huile dans une très grande poêle à feu moyen-vif. Ajouter l'oignon et cuire jusqu'à ce qu'il soit tendre, environ 2 minutes. ajouter le chou; remuer pour combiner. Réduire le feu au minimum. cuire environ 8 minutes ou jusqu'à ce que le chou soit tendre, en remuant de temps à autre.

3. Pour servir, transférer une partie du mélange de chou dans une assiette. Étaler le goulasch sur le dessus et saupoudrer de zeste de citron et de persil.

MARINARA DE BOULETTES DE VIANDE DE SAUCISSE ITALIENNE AVEC DES TRANCHES DE FENOUIL ET DES OIGNONS FRITS

DEVOIRS:Cuisson 30 minutes : Cuisson 30 minutes : 40 minutes Rendement : 4 à 6 portions

CETTE RECETTE EST UN EXEMPLE RARED'UN PRODUIT EN CONSERVE QUI FONCTIONNE AUSSI BIEN, SINON MIEUX, QUE LA VERSION FRAICHE. À MOINS QUE VOUS N'AYEZ DES TOMATES TRES, TRES MURES, VOUS N'OBTIENDREZ PAS UNE AUSSI BONNE CONSISTANCE DE SAUCE AVEC DES TOMATES FRAICHES QU'AVEC DES TOMATES EN CONSERVE. ASSUREZ-VOUS SIMPLEMENT D'UTILISER UN PRODUIT SANS SEL AJOUTE ET ENCORE MIEUX BIO.

BOULETTES DE VIANDE

2 gros oeufs

½ tasse de farine d'amande

8 gousses d'ail, hachées

6 cuillères à soupe de vin blanc sec

1 cuillère à soupe de piments

2 cuillères à café de poivre noir

1 cuillère à café de graines de fenouil, légèrement écrasées

1 cuillère à café d'origan séché, broyé

1 cuillère à café de thym séché, haché

¼ à ½ cuillère à café de poivre de Cayenne

1½ livre de porc

MARINARA

2 cuillères à soupe d'huile d'olive

2 boîtes de 15 onces de tomates en conserve non salées ou une boîte de 28 onces.
½ tasse de basilic frais haché
3 bulbes de fenouil moyens, coupés en deux, épépinés et tranchés finement
1 gros oignon doux, coupé en deux et tranché finement

1. Préchauffer le four à 375°F. Tapisser une grande plaque à pâtisserie de papier parchemin; mettre de côté. Dans un grand bol, fouetter ensemble les œufs, la farine d'amande, 6 gousses d'ail hachées, 3 cuillères à soupe de vin, la poudre de paprika, 1½ cuillère à café de poivre noir, les graines de fenouil, l'origan, le thym et le poivre de Cayenne. ajouter le porc; bien mélanger. Façonner le mélange de porc en boulettes de viande de 1½ pouce (vous devriez avoir environ 24 boulettes de viande); Placer en une seule couche sur la plaque à pâtisserie préparée. Cuire au four environ 30 minutes ou jusqu'à ce qu'ils soient légèrement dorés, en les retournant une fois.

2. Pendant ce temps, pour la sauce marinara, faites chauffer 1 cuillère à soupe d'huile d'olive dans un faitout hollandais de 4 à 6 pintes. Ajouter les 2 autres gousses d'ail hachées; Cuire pendant environ 1 minute ou jusqu'à ce qu'ils commencent tout juste à dorer. Ajoutez rapidement les 3 cuillères à soupe de vin restantes, la passata de tomates et le basilic. porter à ébullition; réduire la fièvre. Laisser mijoter à découvert pendant 5 minutes. Verser délicatement les boulettes de viande cuites dans la sauce marinara. Couvrir et cuire à feu doux pendant 25 à 30 minutes.

3. Pendant ce temps, dans une grande poêle, chauffer la cuillère à soupe d'huile d'olive restante à feu moyen-vif. Ajouter le fenouil et l'oignon émincés. Cuire de 8 à 10

minutes ou jusqu'à ce qu'ils soient tendres et légèrement dorés, en remuant fréquemment. Assaisonner avec la ½ cuillère à café de poivre noir restante. Servir les boulettes de viande et la sauce marinara sur le fenouil et l'oignon.

BARQUETTES DE COURGETTES FARCIES AU PORC AU BASILIC ET PIGNONS DE PIN

DEVOIRS:Cuisson 20 minutes : Cuisson 22 minutes : 20 minutes Rendement : 4 portions

LES ENFANTS VONT ADORER CE PLAT AMUSANTCOURGETTES EVIDEES FARCIES DE PORC, TOMATES ET POIVRONS. SI DESIRE, AJOUTER 3 CUILLERES A SOUPE DE PESTO DE BASILIC (VOIR<u>ORDONNANCE</u>) A LA PLACE DU BASILIC FRAIS, DU PERSIL ET DES PIGNONS DE PIN.

- 2 courgettes moyennes
- 1 cuillère à soupe d'huile d'olive extra vierge
- 12 onces de porc
- ¾ tasse d'oignon haché
- 2 gousses d'ail hachées
- 1 tasse de tomates hachées
- ⅔ tasse de poivrons jaunes ou orange finement hachés
- 1 cuillère à café de graines de fenouil, légèrement écrasées
- ½ cuillère à café de flocons de piment rouge broyés
- ¼ tasse de basilic frais haché
- 3 cuillères à soupe de persil frais, coupé en lanières
- 2 cuillères à soupe de pignons grillés (cf<u>maigre</u>) et haché grossièrement
- 1 cuillère à café de zeste de citron finement râpé

1. Préchauffer le four à 350°F. Couper les courgettes en deux dans le sens de la longueur et gratter délicatement le centre, en laissant une peau épaisse de ¼ de pouce. Couper la pulpe de courgette en gros morceaux et réserver. Placer les moitiés de courgettes, côté coupé vers le haut, sur une plaque à pâtisserie tapissée de papier d'aluminium.

2. Pour la garniture, chauffer l'huile d'olive dans une grande poêle à feu moyen-vif. ajouter le porc; cuire jusqu'à ce qu'il ne soit plus rosé, en remuant avec une cuillère en bois pour défaire la chair. Versez le gras. Réduire le feu à moyen. Ajouter la pulpe de courgette réservée, l'oignon et l'ail; cuire et remuer environ 8 minutes ou jusqu'à ce que l'oignon soit tendre. Ajouter les tomates, les poivrons, les graines de fenouil et les poivrons rouges broyés. Cuire environ 10 minutes ou jusqu'à ce que les tomates soient tendres et commencent à se décomposer. Retirez la casserole du feu. Ajouter le basilic, le persil, les pignons et le zeste de citron. Répartir la garniture entre les coquilles de courgettes et former un petit monticule. Cuire au four de 20 à 25 minutes ou jusqu'à ce que la peau des courgettes soit croustillante.

BOLS DE NOUILLES AU PORC AVEC CURRY D'ANANAS, LAIT DE COCO ET HERBES

DEVOIRS:Cuisson 30 minutes : Cuisson 15 minutes : 40 minutes Rendement : 4 portionsLACHE

1 grosse courge spaghetti
2 cuillères à soupe d'huile de noix de coco raffinée
1 livre de porc
2 cuillères à soupe de ciboulette finement hachée
2 cuillères à soupe de jus de citron vert frais
1 cuillère à soupe de gingembre frais haché
6 gousses d'ail, hachées
1 cuillère à soupe de citronnelle hachée
Ajouté 1 cuillère à soupe non salée au curry rouge thaïlandais
1 tasse de poivron rouge haché
1 tasse d'oignon haché
½ tasse de carotte dans l'équation
1 mini bok choy, tranché (3 tasses)
1 tasse de champignons frais tranchés
1 ou 2 piments Thai Bird, émincés finement (cfmaigre)
1 boîte de 13,5 onces de lait de coco ordinaire (comme Nature's Way)
½ tasse de bouillon d'os de poulet (cfordonnance) ou bouillon de poulet non salé
¼ tasse de jus d'ananas frais
3 cuillères à soupe de beurre de cajou non salé sans huile ajoutée
1 tasse d'ananas fraîchement coupé en dés
Tranches de citrons
Coriandre fraîche, menthe et/ou basilic thaï
Noix de cajou grillées hachées

1. Préchauffez le four à 200 °C. Chauffer la courge spaghetti au micro-ondes à puissance élevée pendant 3 minutes. Coupez soigneusement la citrouille en deux dans le sens de la longueur et grattez les graines. Frottez 1 cuillère à soupe d'huile de noix de coco sur les côtés tranchés de la courge. Placer la moitié de la courge, côté coupé vers le bas, sur une plaque à pâtisserie. Cuire au four de 40 à 50 minutes ou jusqu'à ce que la courge puisse être facilement percée avec un couteau. Retirer la viande des peaux avec les dents d'une fourchette et réserver au chaud jusqu'au moment de servir.

2. Entre-temps, dans un bol moyen, mélanger le porc, l'oignon, le jus de lime, le gingembre, l'ail, la citronnelle et la poudre de cari; bien mélanger. Chauffer la cuillère à soupe d'huile de noix de coco restante dans une grande poêle à feu moyen-vif. ajouter le mélange de porc; cuire jusqu'à ce qu'il ne soit plus rosé, en remuant avec une cuillère en bois pour défaire la chair. Ajouter le poivron, l'oignon et la carotte; cuire et remuer environ 3 minutes ou jusqu'à ce que les légumes soient croustillants et tendres. Ajouter le bok choy, les champignons, les piments, le lait de coco, le bouillon d'os de poulet, le jus d'ananas et le beurre de noix de cajou. porter à ébullition; réduire la fièvre. ajouter l'ananas; laisser mijoter, à découvert, jusqu'à ce que le tout soit bien chaud.

3. Pour servir, répartir la courge spaghetti dans quatre bols de service. Servir le porc au cari sur la courge. Servir avec des quartiers de citron, des herbes et des noix de cajou.

EMPANADAS EPICEES AU PORC GRILLE AVEC SALADE DE CONCOMBRE ACIDULEE

DEVOIRS:Grillé 30 minutes : 10 minutes Repos : 10 minutes Rendement : 4 portions

SALADE DE CONCOMBRE CROQUANTAROMATISE A LA MENTHE FRAICHE, C'EST UNE GARNITURE RAFRAICHISSANTE ET DESALTERANTE POUR LES BURGERS DE PORC EPICES.

- ⅓ tasse d'huile d'olive
- ¼ tasse de menthe fraîche hachée
- 3 cuillères à soupe de vinaigre de vin blanc
- 8 gousses d'ail, hachées
- ¼ cuillère à café de poivre noir
- 2 concombres moyens, tranchés très finement
- 1 petit oignon, tranché finement (environ ½ tasse)
- 1¼ à 1½ livre de porc
- ¼ tasse de coriandre fraîche hachée
- 1 à 2 piments jalapeno ou serrano moyens frais, épépinés (si désiré) et hachés finement (voir maigre)
- 2 poivrons rouges moyens, épépinés et coupés en quartiers
- 2 cuillères à café d'huile d'olive

1. Fouettez ensemble ⅓ tasse d'huile d'olive, la menthe, le vinaigre, 2 gousses d'ail hachées et le poivre noir dans un grand bol. Ajouter les tranches de concombre et les oignons. Mélanger jusqu'à ce qu'il soit bien enrobé. Couvrir et réfrigérer jusqu'au moment de servir, en remuant une ou deux fois.

2. Mélanger le porc, la coriandre, le piment et 6 gousses d'ail hachées dans un grand bol. Former quatre galettes de ¾

de pouce d'épaisseur. Badigeonner légèrement les quartiers de poivron avec 2 cuillères à café d'huile d'olive.

3. Pour un gril à charbon ou à gaz, placez les biscuits et les quartiers de poivrons directement sur feu moyen-élevé. Couvrir et griller jusqu'à ce qu'un thermomètre à lecture instantanée inséré dans les flancs du porc indique 160 °F et que les quartiers de poivrons soient tendres et légèrement carbonisés. Attendez 10 à 12 minutes pour les pains à hamburger et 8 à 10 minutes pour les poivrons.

4. Lorsque les quartiers de poivrons sont cuits, enveloppez-les dans du papier d'aluminium pour les enfermer complètement. Laisser reposer environ 10 minutes ou jusqu'à ce qu'il soit suffisamment froid au toucher. À l'aide d'un couteau bien aiguisé, retirez délicatement la peau des poivrons. Coupez les poivrons en quatre dans le sens de la longueur.

5. Pour servir, mélanger la salade de concombre et répartir uniformément dans quatre grandes assiettes. Déposer le porc dans chaque assiette. Empilez les tranches de poivron uniformément sur les galettes de burger.

PIZZA AUX COURGETTES AVEC PESTO A BASE DE TOMATES SECHEES, POIVRONS ET SAUCISSE ITALIENNE

DEVOIRS:Cuisson 30 minutes : Cuisson 15 minutes : 30 minutes Rendement : 4 portions

C'EST UNE PIZZA AU COUTEAU ET A LA FOURCHETTE.ASSUREZ-VOUS D'APPUYER LEGEREMENT SUR LA SAUCISSE ET LES POIVRONS DANS LA CROUTE RECOUVERTE DE PESTO AFIN QUE LES GARNITURES ADHERENT SUFFISAMMENT POUR QUE LA PIZZA SE TRANCHE PARFAITEMENT.

- 2 cuillères à soupe d'huile d'olive
- 1 cuillère à soupe d'amandes finement moulues
- 1 gros oeuf, légèrement battu
- ½ tasse de farine d'amande
- 1 cuillère à soupe d'origan frais, coupé en lanières
- ¼ cuillère à café de poivre noir
- 3 gousses d'ail hachées
- 3½ tasses de courgettes râpées (2 moyennes)
- saucisse italienne (cf_ordonnance_, sous)
- 1 cuillère à soupe d'huile d'olive extra vierge
- 1 poivron (chaque jaune, rouge ou moitié), épépiné et coupé en très fines lanières
- 1 petit oignon, haché finement
- Pesto à base de tomates séchées (cf_ordonnance_, sous)

1. Préchauffer le four à 425°F. Badigeonner une plaque à pizza de 12 pouces avec 2 cuillères à soupe d'huile d'olive. Saupoudrer d'amandes moulues; mettre de côté.

2. Pour la base, mélanger l'œuf, la farine d'amande, l'origan, le poivre noir et l'ail dans un grand bol. Placez les courgettes

râpées sur une serviette propre ou un morceau de gaze.
bien emballer

JARRET D'AGNEAU FUME AU CITRON ET CORIANDRE AVEC ASPERGES GRILLEES

PLONGER:30 minutes préparation : 20 minutes cuisson : 45 minutes repos : 10 minutes rendement : 6 à 8 portions

CE PLAT EST SIMPLE MAIS ELEGANTDEUX INGREDIENTS QUI PRENNENT VIE AU PRINTEMPS : L'AGNEAU ET LES ASPERGES. LES GRAINES DE CORIANDRE ROTIES FONT RESSORTIR LA SAVEUR CHAUDE, TERREUSE ET LEGEREMENT ACIDULEE.

1 tasse de copeaux de hickory

2 cuillères à soupe de graines de coriandre

2 cuillères à soupe de zeste de citron finement râpé

1½ cuillère à café de poivre noir

2 cuillères à soupe de thym frais, coupé en lanières

1 jarret d'agneau désossé de 2 à 3 livres

2 bottes d'asperges fraîches

1 cuillère à soupe d'huile d'olive

¼ cuillère à café de poivre noir

1 citron coupé en quartiers

1. Au moins 30 minutes avant de fumer, faites tremper les copeaux de hickory dans un bol avec suffisamment d'eau pour les recouvrir. mettre de côté. Entre-temps, dans une petite poêle, faire griller les graines de coriandre à feu moyen-élevé, environ 2 minutes ou jusqu'à ce qu'elles soient parfumées et croustillantes, en remuant fréquemment. retirer les graines de la poêle; laisser refroidir. Une fois les graines refroidies, écrasez-les dans un mortier et un pilon (ou placez les graines sur une planche à découper et écrasez-les avec le dos d'une

cuillère en bois). Dans un petit bol, mélanger les graines de coriandre broyées, le zeste de citron, 1½ cuillère à café de piment de la Jamaïque et le thym; mettre de côté.

2. Retirez le filet du gigot d'agneau, le cas échéant. Ouvrir le steak, côté gras vers le bas, sur un plan de travail. Saupoudrer la moitié du mélange d'épices sur la viande; frotter avec les doigts. Enroulez le steak et attachez-le avec quatre à six morceaux de ficelle de cuisine 100 % coton. Saupoudrer le reste du mélange d'assaisonnement sur l'extérieur du steak, en appuyant légèrement pour coller.

3. Sur un gril à charbon de bois, placez le charbon de bois autour d'un plateau d'égouttage à feu moyen-vif. Testez dans une casserole à feu moyen. Dispersez les copeaux de bois égouttés sur les braises. Placer le steak d'agneau sur le gril sur la lèchefrite. Couvrir et fumer à feu moyen (145°F) pendant 40 à 50 minutes. (Pour les grils à gaz, préchauffer le gril. Réduire le feu à moyen. Régler sur cuisson indirecte. Fumez comme ci-dessus, mais ajoutez des copeaux de bois égouttés selon les instructions du fabricant.) Couvrir le bifteck de papier d'aluminium sans serrer. Laisser reposer 10 minutes avant de trancher.

4. Pendant ce temps, coupez les extrémités ligneuses des asperges. Dans un grand bol, mélanger les asperges avec l'huile d'olive et ¼ de cuillère à café de poivre. Disposez les asperges sur les bords extérieurs du gril, juste au-dessus des braises et perpendiculairement aux grilles de cuisson. Couvrir et griller 5 à 6 minutes jusqu'à ce qu'ils

soient croustillants. Pressez des quartiers de citron sur les asperges.

5. Retirer la ficelle de l'agneau et trancher finement la viande. Servir la viande avec des asperges grillées.

RAGOUT D'AGNEAU

DEVOIRS:30 minutes Cuisson : 2 heures 40 minutes Rendement : 4 portions

RECHAUFFEZ-VOUS AVEC CE DELICIEUX RAGOUTPAR UNE NUIT D'AUTOMNE OU D'HIVER. LE CIVET DE POISSON EST SERVI SUR UNE PUREE VELOUTEE DE CELERI ET PANAIS PARFUMEE A LA MOUTARDE DE DIJON, CREME DE CAJOU ET CIBOULETTE. REMARQUE : LA RACINE DE CELERI EST PARFOIS APPELEE CELERI.

- 10 grains de poivre noir
- 6 feuilles de sauge
- 3 herbes entières
- 2 bandes de 2 pouces de zeste d'orange
- 2 livres d'épaule d'agneau désossée
- 3 cuillères à soupe d'huile d'olive
- 2 oignons moyens, hachés grossièrement
- 1 boîte de 14,5 onces de tomates en dés non salées, non égouttées
- 1½ tasse de bouillon d'os de boeuf (cf ordonnance) ou bouillon de bœuf non salé
- ¾ tasse de vin blanc sec
- 3 grosses gousses d'ail, hachées et pelées
- 2 livres de céleri-rave, pelé et coupé en cubes de 1 pouce
- 6 panais moyens, pelés et coupés en tranches de 1 pouce (environ 2 livres)
- 2 cuillères à soupe d'huile d'olive
- 2 cuillères à soupe de crème de cajou (cf ordonnance)
- 1 cuillère à soupe de moutarde de Dijon (cf ordonnance)
- ¼ tasse de ciboulette hachée

1. Coupez un carré de gaze de 7 pouces pour le bouquet. Disposez les grains de poivre, la sauge, les herbes et le zeste d'orange au centre de l'étamine. Soulevez les coins de l'étamine et attachez-les avec de la ficelle de cuisine 100 % coton propre. Mettre de côté.

2. Enlevez le gras de l'épaule d'agneau; Couper l'agneau en morceaux de 1 pouce. Faites chauffer 3 cuillères à soupe d'huile d'olive dans un faitout à feu moyen. Faire frire l'agneau rôti par lots, si nécessaire, dans l'huile chaude jusqu'à ce qu'il soit doré; Retirer de la poêle et réserver au chaud. Ajouter l'oignon dans la poêle; Cuire de 5 à 8 minutes ou jusqu'à ce qu'ils soient tendres et légèrement dorés. Ajouter le bouquet garni, les tomates non égouttées, 1¼ tasse de bouillon d'os de boeuf, le vin et l'ail. porter à ébullition; réduire la fièvre. Couvrir et laisser mijoter 2 heures en remuant de temps en temps. Retirez et jetez la ficelle du bouquet.

3. Entre-temps, dans une grande casserole, ajouter le céleri-rave et les panais à la purée; couvrir d'eau. Porter à ébullition à feu moyen; Réduire le feu à doux. Couvrir et laisser mijoter de 30 à 40 minutes, ou jusqu'à ce que les légumes soient très tendres lorsqu'on les pique avec une fourchette. Écouler; Placer les légumes dans un robot culinaire. Ajouter ¼ tasse de bouillon d'os de boeuf et 2 cuillères à soupe d'huile; Pulser jusqu'à ce que la purée soit presque lisse mais qu'elle ait encore une certaine texture, en s'arrêtant une ou deux fois pour racler les côtés. Verser la purée dans un bol. Ajouter la crème de noix de cajou, la moutarde et les oignons nouveaux.

4. Pour servir, divisez le porridge en quatre bols; Garnir d'une marmite d'agneau.

RAGOUT D'AGNEAU AUX NOUILLES DE CELERI-RAVE

DEVOIRS:Cuisson en 30 minutes : 1 heure 30 minutes Rendement : 6 portions

LA RACINE DE CELERI EST TRES DIFFERENTE.PLUS ELEVE DANS CE RAGOUT QUE DANS L'AGNEAU CHAUD (CF<u>ORDONNANCE</u>). DE FINES LANIERES DE RACINE SUCREE ET NOISETTE SONT FAITES AVEC UNE TRANCHEUSE A MANDOLINE. LES "NOUILLES" MIJOTENT DANS LE BOUILLON JUSQU'A CE QU'ELLES SOIENT TENDRES.

- 2 cuillères à café d'épices citronnées (cf<u>ordonnance</u>)
- 1½ livre d'agneau, coupé en cubes de 1 pouce
- 2 cuillères à soupe d'huile d'olive
- 2 tasses d'oignon haché
- 1 tasse de carottes hachées
- 1 tasse de betteraves hachées
- 1 cuillère à soupe d'ail haché (6 gousses)
- 2 cuillères à soupe de pâte de tomate non salée
- ½ tasse de vin rouge sec
- 4 tasses de bouillon d'os de boeuf (cf<u>ordonnance</u>) ou bouillon de bœuf non salé
- 1 feuille de laurier
- 2 tasses de courge musquée en dés de 1 pouce
- 1 tasse d'aubergines en dés
- 1 livre de céleri-rave, pelé
- persil frais haché

1. Préchauffer le four à 250°F. Saupoudrer uniformément les épices au citron sur l'agneau. Agiter doucement pour enrober. Chauffer une casserole de 6 à 8 pintes à feu moyen-vif. Ajouter 1 cuillère à soupe d'huile d'olive et la moitié de l'agneau assaisonné au four hollandais. Saisir la

viande de tous les côtés dans l'huile chaude; Transférer la viande saisie dans une assiette et répéter avec le reste d'agneau et d'huile d'olive. Réduire le feu à moyen.

2. Ajouter les oignons, les carottes et les betteraves dans la casserole. Cuire et remuer les légumes pendant 4 minutes; ajouter l'ail et la pâte de tomate et cuire 1 minute de plus. Ajouter le vin rouge, le bouillon d'os de bœuf, la feuille de laurier, la viande réservée et tout jus accumulé dans la casserole. Porter à ébullition. Fermez le faitout et placez-le dans le four préchauffé. Cuire 1 heure. Ajouter le potiron et l'aubergine. Remettre au four et cuire encore 30 minutes.

3. Pendant que le ragoût est au four, utilisez une mandoline pour trancher très finement la racine de céleri. Couper les tranches de céleri en lanières de ½ pouce de large. (Vous devriez avoir environ 4 tasses.) Incorporer les lanières de céleri-rave dans le bouillon. Laisser mijoter environ 10 minutes ou jusqu'à tendreté. Retirer et jeter la feuille de laurier avant de servir. Saupoudrer chaque portion de persil haché.

COTELETTES D'AGNEAU SAUCE EPICEE A LA GRENADE ET AUX DATTES

DEVOIRS:Cuisson 10 minutes : Refroidissement 18 minutes : 10 minutes Rendement : 4 portions

LE TERME "FRANÇAIS" FAIT REFERENCE A UNE COTEDONT LA GRAISSE, LA VIANDE ET LE TISSU CONJONCTIF ONT ETE RETIRES AVEC UN COUTEAU DE CUISINE BIEN AIGUISE. C'EST UNE PRESENTATION ATTRAYANTE. DEMANDEZ A VOTRE BOUCHER DE LE FAIRE, OU VOUS POUVEZ LE FAIRE VOUS-MEME.

CHUTNEY
- ½ tasse de jus de grenade non sucré
- 1 cuillère à soupe de jus de citron frais
- 1 échalote, pelée et tranchée finement
- 1 cuillère à café de zeste d'orange finement râpé
- ⅓ tasse de dattes Medjool hachées
- ¼ cuillère à café de piment rouge broyé
- ¼ tasse de graines de grenade*
- 1 cuillère à soupe d'huile d'olive
- 1 cuillère à soupe de persil italien frais haché

COTELETTES D'AGNEAU
- 2 cuillères à soupe d'huile d'olive
- 8 côtelettes d'agneau françaises

1. Pour la sauce piquante, mélanger le jus de grenade, le jus de citron et les échalotes dans une petite casserole. porter à ébullition; réduire la fièvre. Laisser mijoter à découvert pendant 2 minutes. Ajouter le zeste d'orange, les dattes et les poivrons rouges hachés. Laisser reposer environ 10

minutes jusqu'à refroidissement. Ajouter les grenades, 1 cuillère à soupe d'huile d'olive et le persil. Laisser à température ambiante jusqu'au moment de servir.

2. Pour les côtelettes, dans une grande poêle, chauffer 2 cuillères à soupe d'huile d'olive à feu moyen-vif. Ajouter les côtelettes à la poêle par lots et cuire à feu moyen-vif (145 °F) pendant 6 à 8 minutes, en retournant une fois. Garnir les côtelettes de sauce piquante.

*Remarque : Les grenades fraîches et leurs noyaux ou graines sont disponibles d'octobre à février. Si vous ne les trouvez pas, utilisez des graines séchées non sucrées pour rendre le chutney plus croustillant.

COTELETTES D'AGNEAU CHIMICHURRI AVEC SUEE DE CHOU RADICCHIO

DEVOIRS:30 minutes Marinage : 20 minutes Cuisson : 20 minutes Rendement : 4 portions

EN ARGENTINE, LE CHIMICHURRI EST L'EPICE LA PLUS POPULAIRE.AINSI QUE LE STEAK BARBECUE DE STYLE GAUCHO DE RENOMMEE NATIONALE. IL EXISTE DE NOMBREUSES VARIANTES, MAIS LA SAUCE EPAISSE AUX HERBES EST GENERALEMENT PREPAREE AVEC DU PERSIL, DE LA CORIANDRE OU DE L'ORIGAN, DES ECHALOTES ET/OU DE L'AIL, DES POIVRONS ROUGES BROYES, DE L'HUILE D'OLIVE ET DU VINAIGRE DE VIN ROUGE. IL EST EXCELLENT SUR UN STEAK GRILLE, MAIS TOUT AUSSI BRILLANT SUR DE L'AGNEAU ROTI OU GRILLE, DU POULET ET DES COTELETTES DE PORC.

8 côtelettes de jarret d'agneau, tranchées de 1 pouce d'épaisseur

½ tasse de sauce chimichurri (cfordonnance)

2 cuillères à soupe d'huile d'olive

1 oignon doux, coupé en deux et tranché

1 cuillère à café de cumin moulu*

1 gousse d'ail hachée

1 tête de radicchio, évidée et tranchée finement

1 cuillère à soupe de vinaigre balsamique

1. Placer les côtelettes d'agneau dans un très grand bol. Arroser de 2 cuillères à soupe de sauce chimichurri. À l'aide de vos doigts, frottez la sauce sur toute la surface de chaque escalope. Laisser mariner les côtelettes à température ambiante pendant 20 minutes.

2. Pendant ce temps, pour la salade de radicchio rôti, faites chauffer 1 cuillère à soupe d'huile d'olive dans une très grande poêle. Ajouter les oignons, le cumin et l'ail; Cuire 6 à 7 minutes ou jusqu'à ce que l'oignon soit tendre, en remuant souvent. ajouter le radicchio; Cuire de 1 à 2 minutes ou jusqu'à ce que le radicchio flétrisse légèrement. Verser la salade dans un grand bol. Ajouter le vinaigre balsamique et bien mélanger. Couvrez-vous et gardez au chaud.

3. Nettoyez le plat. Ajouter la cuillère à soupe d'huile d'olive restante dans la poêle et chauffer à feu moyen-vif. ajouter les côtelettes d'agneau; Réduire le feu à moyen. Cuire de 9 à 11 minutes ou jusqu'à ce qu'il soit cuit, en retournant les côtelettes de temps en temps avec des pinces.

4. Servir les côtelettes avec la laitue et le reste de la sauce chimichurri.

*Remarque : Pour écraser les graines de cumin, utilisez un mortier et un pilon ou placez les graines sur une planche à découper et écrasez-les avec un couteau de chef.

COTELETTES D'AGNEAU A L'ANCHO ET TARTINADE DE SAUGE AVEC SAUCE TARTARE DE CAROTTES ET PATATES DOUCES

DEVOIRS:Froid 12 minutes : 1 à 2 heures Grill : 6 minutes Rendement : 4 portions

IL EXISTE TROIS TYPES DE COTELETTES D'AGNEAU.LES COTELETTES DE LONGE EPAISSES ET CHARNUES RESSEMBLENT A DE PETITS FAUX-FILET. LES COTELETTES, COMME ON LES APPELLE ICI, SONT FAITES EN COUPANT ENTRE LES OS D'UN CARRE D'AGNEAU. ILS SONT TRES DELICATS ET ONT UN LONG OS ATTRAYANT SUR LE COTE. ILS SONT SOUVENT SERVIS GRILLES OU GRILLES. LES COTELETTES D'EPAULE ECONOMIQUES SONT LEGEREMENT GRASSES ET MOINS TENDRES QUE LES DEUX AUTRES STYLES. IL EST PREFERABLE DE LES DORER PUIS DE LES FAIRE SAUTER DANS DU VIN, DU BOUILLON ET DES TOMATES OU UNE COMBINAISON DE CEUX-CI.

- 3 carottes moyennes, râpées grossièrement
- 2 petites patates douces, râpées* ou grossièrement râpées
- ½ tasse de mayonnaise paléo (cfordonnance)
- 2 cuillères à soupe de jus de citron frais
- 2 cuillères à café de moutarde de Dijon (cfordonnance)
- 2 cuillères à soupe de persil frais haché
- ½ cuillère à café de poivre noir
- 8 côtelettes de jarret d'agneau, tranchées de ½ à ¾ de pouce d'épaisseur
- 2 cuillères à soupe de sauge fraîche râpée ou 2 cuillères à café de sauge séchée broyée
- 2 cuillères à café de piment ancho moulu
- ½ cuillère à café d'ail en poudre

1. Pour la sauce tartare, combiner les carottes et les patates douces dans un bol moyen. Dans un petit bol, mélanger la mayonnaise paléo, le jus de citron, la moutarde de Dijon, le persil et le poivre noir. Verser sur les carottes et les patates douces; jeter à porter. Couvrir et réfrigérer pendant 1 à 2 heures.

2. Pendant ce temps, dans un petit bol, mélanger la sauge, le piment ancho et la poudre d'ail. Frotter le mélange d'épices sur le jarret d'agneau.

3. Pour un gril au charbon de bois ou au gaz, placez les côtelettes d'agneau sur un gril direct à feu moyen-vif. Couvrir et faire griller 6 à 8 minutes pour mi-saignant (145°F) ou 10 à 12 minutes pour médium (150°F), en retournant une fois à mi-cuisson.

4. Servir les côtelettes d'agneau avec la sauce tartare.

*Remarque : Utilisez une mandoline munie d'un accessoire à julienne pour trancher les patates douces.

BURGER D'AGNEAU FARCI DU JARDIN AU COULIS DE PAPRIKA

DEVOIRS:20 minutes repos : 15 minutes gril : 27 minutes Rendement : 4 portions

LE COULIS N'EST RIEN DE PLUS QU'UNE SIMPLE SAUCE ONCTUEUSE.A PARTIR DE PUREE DE FRUITS OU DE LEGUMES. UNE SAUCE AU POIVRE BRILLANTE ET BELLE POUR CES BURGERS D'AGNEAU OBTIENT UNE DOUBLE DOSE DE FUMEE : PAPRIKA GRILLE ET FUME.

COULIS DE POIVRE

- 1 gros poivron rouge
- 1 cuillère à soupe de vinaigre de vin blanc sec ou de vin blanc
- 1 cuillère à café d'huile d'olive
- ½ cuillère à café de poudre de paprika fumé

HAMBURGER

- ¼ tasse de tomates séchées au soleil sans soufre, coupées en lanières
- ¼ tasse de courgettes râpées
- 1 cuillère à soupe de basilic frais haché
- 2 cuillères à café d'huile d'olive
- ½ cuillère à café de poivre noir
- 1½ livre d'agneau
- 1 blanc d'oeuf, légèrement battu
- 1 cuillère à soupe d'épices méditerranéennes (cfordonnance)

1. Pour le coulis de poivrons, placez les poivrons rouges directement sur le gril à feu moyen-vif. Couvrir et griller de 15 à 20 minutes ou jusqu'à ce qu'ils soient carbonisés et très tendres, en retournant les poivrons toutes les 5 minutes pour leur permettre de carboniser de chaque côté. Retirer du gril et placer immédiatement dans un sac

en papier ou en aluminium pour sceller complètement les poivrons. Laisser reposer 15 minutes ou jusqu'à ce qu'il soit suffisamment froid au toucher. Utilisez un couteau bien aiguisé pour retirer délicatement et jeter la peau. Coupez les poivrons en quatre dans le sens de la longueur et retirez les pédoncules, les pépins et la peau. Mélanger les poivrons rôtis, le vin, l'huile d'olive et la poudre de paprika fumé dans un robot culinaire. Couvrir et traiter ou mélanger jusqu'à consistance lisse.

2. Pendant ce temps, pour la garniture, placez les tomates séchées dans un petit bol et couvrez d'eau bouillante. Laisser agir 5 minutes ; Sécher les tomates et les courgettes râpées avec une serviette en papier. Mélanger les tomates, les courgettes, le basilic, l'huile d'olive et ¼ de cuillère à café de poivre noir dans un petit bol ; mettre de côté.

3. Combiner l'agneau, le blanc d'œuf, ¼ de cuillère à thé de poivre noir et les épices méditerranéennes dans un grand bol; bien mélanger. Diviser le mélange de viande en huit portions égales et façonner chacune en morceaux de ¼ de pouce d'épaisseur. Verser la garniture dans quatre des tartes; Garnir avec les galettes restantes, en pinçant les bords pour sceller la garniture.

4. Placer les gâteaux directement sur le gril à feu moyen-vif. Couvrir et faire griller de 12 à 14 minutes ou jusqu'à ce qu'il soit bien cuit (160 °F), en retournant une fois à mi-cuisson.

5. Pour servir, garnir les burgers de coulis de poivrons.

BROCHETTES D'AGNEAU AU DOUBLE ORIGAN ET SAUCE TZATZIKI

PLONGER : 30 minutes Préparation : 20 minutes Réfrigération : 30 minutes Grill : 8 minutes Donne : 4 portions

EN EFFET, CES JARRETS D'AGNEAU SONTCE QUI EST CONNU EN MEDITERRANEE ET AU MOYEN-ORIENT SOUS LE NOM DE KOFTA : LA VIANDE HACHEE ASSAISONNEE (GENERALEMENT DE L'AGNEAU OU DU BŒUF) EST FORMEE EN BOULES OU AUTOUR DE BROCHETTES, PUIS GRILLEE. L'ORIGAN FRAIS ET SECHE LEUR DONNE UNE GRANDE SAVEUR GRECQUE.

8 brochettes en bois de 10 pouces

JARRET D'AGNEAU

1½ livre d'agneau maigre

1 petit oignon, râpé et séché

1 cuillère à soupe d'origan frais, coupé en lanières

2 cuillères à café d'origan séché, broyé

1 cuillère à café de poivre noir

SAUCE TZATZIKI

1 tasse de mayonnaise paléo (cf<u>ordonnance</u>)

½ gros concombre, épépiné, râpé et séché

2 cuillères à soupe de jus de citron frais

1 gousse d'ail hachée

1. Faire tremper les brochettes dans suffisamment d'eau pour les couvrir pendant 30 minutes.

2. Pour l'agneau, mélanger le boeuf haché, l'oignon, l'origan frais et séché et le poivre dans un grand bol; bien mélanger. Diviser le mélange d'agneau en huit portions égales. Façonnez chaque section autour de la moitié de la

brochette, en faisant une bûche de 5 x 1 pouce. Couvrir et réfrigérer pendant au moins 30 minutes.

3. Pendant ce temps, pour la sauce tzatziki, combiner la mayonnaise paléo, le concombre, le jus de citron et l'ail dans un petit bol. Couvrir et mettre au réfrigérateur jusqu'au moment de servir.

4. Pour un gril au charbon de bois ou au gaz, placez le jarret d'agneau directement sur le gril à feu moyen-vif. Couvrir et faire griller à feu moyen (160 °F), environ 8 minutes, en retournant une fois à mi-cuisson.

5. Servir le gigot d'agneau avec la sauce tzatziki.

POULET GRILLE AU SAFRAN ET CITRON

DEVOIRS:15 minutes réfrigération : 8 heures rôtissage : 1 heure 15 minutes repos : 10 minutes Rendement : 4 portions

LES SAFRANS SONT DES ETAMINES SECHEESUNE SORTE DE FLEUR DE CROCUS. C'EST CHER, MAIS UN PEU VA UN LONG CHEMIN. IL DONNE A CE POULET A LA PEAU CROUSTILLANTE SON CARACTERE TERREUX DISTINCTIF ET SA BELLE COULEUR JAUNE.

- 1 poulet entier de 4 à 5 livres
- 3 cuillères à soupe d'huile d'olive
- 6 gousses d'ail, écrasées et pelées
- 1½ cuillère à soupe de zeste de citron finement râpé
- 1 cuillère à soupe de thym frais
- 1½ cuillère à café de poivre noir moulu
- ½ cuillère à café de fils de safran
- 2 feuilles de laurier
- 1 citron coupé en quartiers

1. Retirez le cou et les abats du poulet; jetez-le ou conservez-le pour un autre usage. Rincer la cavité corporelle du poulet; sécher avec une serviette en papier. Retirez l'excédent de peau ou de graisse du poulet.

2. Mélanger l'huile d'olive, l'ail, le zeste de citron, le thym, le poivre et le safran dans un robot culinaire. Transformer en une pâte lisse.

3. Utilisez vos doigts pour frotter la pâte sur l'extérieur du poulet et à l'intérieur de la cavité. Placer le poulet dans un

grand bol; couvrir et réfrigérer pendant au moins 8 heures ou toute la nuit.

4. Préchauffer le four à 425°F. Placer les quartiers de citron et les feuilles de laurier dans la cavité du poulet. Attachez les pattes ensemble avec de la ficelle de cuisine 100 % coton. Placez les ailes sous le poulet. Insérez un thermomètre à viande dans les muscles de la cuisse sans toucher l'os. Placer le poulet sur une grille dans un grand plat allant au four.

5. Griller pendant 15 minutes. Réduire la température du four à 375 ° F. Rôtir environ 1 heure de plus ou jusqu'à ce que le jus soit clair et qu'un thermomètre indique 175 ° F. Envelopper le poulet dans du papier d'aluminium. Laisser reposer 10 minutes avant de trancher.

POULET SPATCHCOCKED AVEC SALADE DE JICAMA

DEVOIRS : 40 minutes Grillade : 1 heure 5 minutes Repos : 10 minutes Rendement : 4 portions

"SPATCHCOCK" EST UN VIEUX TERME CULINAIRE QUI A RECEMMENT ETE REUTILISE POUR DECRIRE LE PROCESSUS DE POSE D'UN PETIT OISEAU, COMME UN POULET OU UNE POULE DE CORNOUAILLES, SUR LE DOS, PUIS DE L'OUVRIR COMME UN LIVRE ET DE L'APLATIR POUR QU'IL CUISE PLUS RAPIDEMENT ET PLUS UNIFORMEMENT. IL EST SIMILAIRE AU VOL DE PAPILLON, MAIS UNIQUEMENT LIE A LA VOLAILLE.

POULET
- 1 piment poblano
- 1 cuillère à soupe d'échalote finement hachée
- 3 gousses d'ail hachées
- 1 cuillère à café de zeste de citron finement râpé
- 1 cuillère à café de zeste de citron vert finement râpé
- 1 cuillère à café d'épices à encens (cf <u>ordonnance</u>)
- ½ cuillère à café d'origan séché, broyé
- ½ cuillère à café de cumin moulu
- 1 cuillère à soupe d'huile d'olive
- 1 poulet entier de 3 à 3½ livres

SALADE DE CHOU
- ½ jicama moyen, pelé et râpé (environ 3 tasses)
- ½ tasse d'oignon rouge émincé (4)
- 1 pomme Granny Smith, pelée, évidée et hachée
- ⅓ tasse de coriandre fraîche hachée
- 3 cuillères à soupe de jus d'orange frais
- 3 cuillères à soupe d'huile d'olive

1 cuillère à café d'épices à la citronnelle (cf<u>ordonnance</u>)

1. Pour un gril à charbon de bois, placez des charbons assez chauds sur un côté du gril. Placez un bac d'égouttage sous le côté vide du gril. Placez le poblano sur la grille de cuisson directement au-dessus des braises moyennement chaudes. Couvrir et griller pendant 15 minutes ou jusqu'à ce que le poblano soit carbonisé de tous les côtés, en le retournant de temps en temps. Enveloppez immédiatement le poblano dans du papier d'aluminium; Laisser reposer 10 minutes. Ouvrez le papier d'aluminium et coupez le poblano en deux dans le sens de la longueur; Retirer les tiges et les graines (cf<u>maigre</u>). Utilisez un couteau bien aiguisé pour retirer délicatement et jeter la peau. Hacher finement le poblano. (Pour les grils à gaz, préchauffer le gril; réduire le feu à moyen. Régler sur cuisson indirecte. Griller sur un brûleur allumé comme ci-dessus.)

2. Pour la vinaigrette, mélanger le poblano, les échalotes, l'ail, le zeste de citron, le zeste de lime, les épices fumées, l'origan et le cumin dans un petit bol. Ajouter l'huile; bien mélanger pour faire une pâte.

3. Pour répartir le poulet, retirer le cou et les abats (réserver pour un autre usage). Placer les poitrines de poulet côté vers le bas sur la planche à découper. À l'aide de ciseaux de cuisine, faites une incision dans le sens de la longueur d'un côté du dos, en commençant par l'extrémité du cou. Répétez l'incision longitudinale du côté opposé de la colonne vertébrale. Retirez et jetez la colonne vertébrale. Déposer le poulet côté peau vers le haut. Appuyez entre

les poitrines pour casser le sternum afin que le poulet repose à plat.

4. En commençant par le cou d'un côté de la poitrine, passez vos doigts entre la peau et la chair, en desserrant la peau tout en remontant jusqu'à la cuisse. Détendez la peau autour de la cuisse. Répétez de l'autre côté. Utilisez vos doigts pour étaler le frottement sur la viande sous la peau du poulet.

5. Placer le poulet côté poitrine vers le bas sur une grille au-dessus d'un plateau d'égouttage. Pesez avec deux pierres enveloppées dans du papier d'aluminium ou une grande poêle en fonte. Couvrir et faire griller 30 minutes. Placer le poulet, côté os vers le bas, sur une grille et peser à nouveau avec des briques ou une poêle. Couvrir et griller environ 30 minutes de plus ou jusqu'à ce que le poulet ne soit plus rose (175°F ischio-jambiers). retirer le poulet du gril; Laisser reposer 10 minutes. (Pour les grils à gaz, placez le poulet sur le gril à l'abri de la chaleur. Faites griller comme ci-dessus.)

6. Pendant ce temps, pour la salade, mélanger le jicama, la ciboule, la pomme et la coriandre dans un grand bol. Mélanger le jus d'orange, l'huile et le zeste de citron dans un petit bol. Verser le mélange de jicama sur le dessus et mélanger pour bien enrober. Servir le poulet avec la salade.

PILONS DE POULET GRILLES AVEC VODKA, CAROTTES ET SAUCE TOMATE

DEVOIRS:Faire bouillir 15 minutes : Frire 15 minutes : 30 minutes Rendement : 4 portions

LA VODKA PEUT ETRE FABRIQUEE A PARTIR D'UNE VARIETE D'INGREDIENTSDIVERS ALIMENTS, COMME LES POMMES DE TERRE, LE MAÏS, LE SEIGLE, LE BLE ET L'ORGE, VOIRE LES RAISINS. BIEN QUE CETTE SAUCE NE CONTIENNE PAS BEAUCOUP DE VODKA SI VOUS LA DIVISEZ EN QUATRE PORTIONS, RECHERCHEZ DE LA VODKA A BASE DE POMMES DE TERRE OU DE RAISINS POUR LA RENDRE PALEOCOMPATIBLE.

3 cuillères à soupe d'huile d'olive

4 quartiers arrière de poulet désossés ou morceaux de poulet charnus, sans la peau

1 boîte de 28 onces de tomates italiennes non salées, égouttées

½ tasse d'oignon finement haché

½ tasse de carotte finement hachée

3 gousses d'ail hachées

1 cuillère à café d'épices méditerranéennes (cfordonnance)

⅛ cuillère à café de poivre de Cayenne

1 brin de romarin frais

2 cuillères à soupe de vodka

1 cuillère à soupe de basilic frais haché (facultatif)

1. Préchauffer le four à 375°F. Chauffer 2 cuillères à soupe d'huile dans une très grande poêle à feu moyen-vif. Ajouter le poulet; Cuire environ 12 minutes ou jusqu'à ce qu'ils soient dorés et dorés uniformément. Placer la casserole dans le four préchauffé. Griller à découvert pendant 20 minutes.

2. Pendant ce temps, pour la sauce, coupez les tomates avec des ciseaux de cuisine. Dans une casserole moyenne, chauffer la cuillère à soupe d'huile restante à feu moyen-vif. Ajouter l'oignon, la carotte et l'ail; cuire 3 minutes ou jusqu'à tendreté, en remuant souvent. Ajouter les tomates en dés, les épices méditerranéennes, le poivre de Cayenne et un brin de romarin. Porter à ébullition à feu moyen; réduire la fièvre. Laisser mijoter à découvert pendant 10 minutes en remuant de temps en temps. ajouter la vodka; cuire 1 minute de plus; Retirez et jetez la branche de romarin.

3. Servir la sauce sur le poulet dans la poêle. Remettre le plat au four. Couvrir et griller environ 10 minutes de plus ou jusqu'à ce que le poulet soit tendre et ne soit plus rose (175 °F). Saupoudrez de basilic si vous le souhaitez.

ROTI DE POULET ET FRITES DE RUTABAGA

DEVOIRS:Cuit en 40 minutes : 40 minutes Rendement : 4 portions

LES FRITES DE NAVET CROUSTILLANTES SONT DELICIEUSESSERVIS AVEC LE POULET ROTI ET LE JUS DE CUISSON QUI L'ACCOMPAGNE, MAIS SONT TOUT AUSSI DELICIEUX PREPARES SEULS ET SERVIS AVEC DU KETCHUP PALEO (CF<u>ORDONNANCE</u>) OU A LA BELGE AVEC DU PALEO AÏOLI (MAYONNAISE A L'AIL, CF<u>ORDONNANCE</u>).

6 cuillères à soupe d'huile d'olive

1 cuillère à soupe d'épices méditerranéennes (cf<u>ordonnance</u>)

4 cuisses de poulet désossées et sans peau (environ 1¼ livre au total)

4 cuisses de poulet sans peau (environ 1 livre au total)

1 tasse de vin blanc sec

1 tasse de bouillon d'os de poulet (cf<u>ordonnance</u>) ou bouillon de poulet non salé

1 petit oignon, coupé en quatre

huile d'olive

1½ à 2 livres de bagages

2 cuillères à soupe de ciboulette fraîche, coupée en lanières

Poivre noir

1. Préchauffer le four à 400°F. Dans un petit bol, mélanger 1 cuillère à soupe d'huile d'olive et les épices méditerranéennes ; Frotter les morceaux de poulet avec. Faites chauffer 2 cuillères à soupe d'huile dans une très grande poêle allant au four. Ajouter les morceaux de poulet, côté chair vers le bas. Cuire, à découvert, environ 5 minutes ou jusqu'à ce qu'ils soient dorés. Retirez la casserole du feu. Retournez les morceaux de poulet, côté

doré vers le haut. Ajouter le vin, le bouillon d'os de poulet et l'oignon.

2. Placez la casserole dans le four sur l'étagère du milieu. Cuire à découvert pendant 10 minutes.

3. Pendant ce temps, pour les pommes de terre, badigeonnez légèrement une grande plaque à pâtisserie d'huile d'olive; mettre de côté. Retirer les bagages du bus. À l'aide d'un couteau bien aiguisé, coupez les navets en tranches d'½ cm d'épaisseur. Couper dans le sens de la longueur en bandes de ½ cm de large. Dans un grand bol, mélanger les lanières de rutabaga avec les 3 cuillères à soupe d'huile restantes. Étendre les lanières de rutabaga en une seule couche sur la plaque à pâtisserie préparée; Mettre au four sur la grille du haut. cuire 15 minutes; Cuire le poulet 10 minutes supplémentaires ou jusqu'à ce qu'il ne soit plus rose (175 °F). Sortez le poulet du four. Cuire les frites de 5 à 10 minutes ou jusqu'à ce qu'elles soient dorées et tendres.

4. Retirer le poulet et l'oignon de la poêle, en réservant le jus. Couvrir le poulet et les oignons pour les garder au chaud. Porter à ébullition à feu moyen; réduire la fièvre. Laisser mijoter à découvert pendant 5 minutes supplémentaires ou jusqu'à ce que le jus ait légèrement réduit.

5. Au moment de servir, mélanger les frites avec la ciboulette et assaisonner de poivre. Servir le poulet avec la sauce et les frites.

COQ AU VIN AUX TROIS CHAMPIGNONS ET PUREE DE NAVETS

DEVOIRS : 15 minutes Cuisson : 1 heure 15 minutes Rendement : 4 à 6 portions

QUAND IL Y A DU SABLE DANS LE BOL APRES AVOIR FAIT TREMPER LES CHAMPIGNONS SECHES, ET IL Y EN AURA PROBABLEMENT, FILTREZ LE LIQUIDE A TRAVERS UNE DOUBLE COUCHE DE GAZE PLACEE DANS UNE PASSOIRE A MAILLES FINES.

- 1 once de champignons séchés ou de morilles
- 1 tasse d'eau bouillante
- 2 à 2½ livres de pilons et cuisses de poulet, peau enlevée
- Poivre noir
- 2 cuillères à soupe d'huile d'olive
- 2 poireaux de taille moyenne, coupés en deux dans la longueur, rincés et tranchés finement
- 2 champignons portobello, tranchés
- 8 onces de pleurotes frais, pelés et tranchés, ou de champignons de Paris frais, tranchés
- ¼ tasse de pâte de tomate sans sel
- 1 cuillère à café de marjolaine séchée, écrasée
- ½ cuillère à café de thym séché, écrasé
- ½ tasse de vin rouge sec
- 6 tasses de bouillon d'os de poulet (cf ordonnance) ou bouillon de poulet non salé
- 2 feuilles de laurier
- 2 à 2½ livres de navets, pelés et hachés
- 2 cuillères à soupe de ciboulette fraîche, coupée en lanières
- ½ cuillère à café de poivre noir
- thym frais haché (facultatif)

1. Dans un petit bol, mélanger les champignons et l'eau bouillante; Laisser reposer 15 minutes. Retirer les

champignons en jetant le liquide de trempage. Hacher les champignons. Réserver les champignons et le liquide de trempage.

2. Saupoudrer le poulet de poivre. Dans une très grande poêle avec un couvercle hermétique, chauffer 1 cuillère à soupe d'huile d'olive à feu moyen-vif. Cuire les morceaux de poulet en deux fois dans l'huile chaude, en les retournant une fois, jusqu'à ce qu'ils soient légèrement dorés, environ 15 minutes. Sortez le poulet de la poêle. Ajouter les poireaux, les champignons portobello et les pleurotes. Cuire de 4 à 5 minutes ou jusqu'à ce que les champignons commencent à dorer, en remuant de temps à autre. Ajouter la pâte de tomate, la marjolaine et le thym; Cuire et remuer pendant 1 minute. Ajouter le vin; Cuire et remuer pendant 1 minute. Ajouter 3 tasses de bouillon d'os de poulet, les feuilles de laurier, ½ tasse de liquide de trempage des champignons et les champignons réhydratés. Remettre le poulet dans la poêle. porter à ébullition; réduire la fièvre. Couvrir et cuire à feu doux

3. Entre-temps, dans une grande casserole, mélanger les navets et les 3 tasses de bouillon restantes. Si nécessaire, ajouter de l'eau pour couvrir les rutabagas. porter à ébullition; réduire la fièvre. Laisser mijoter à découvert pendant 25 à 30 minutes ou jusqu'à ce que les rutabagas soient tendres, en remuant de temps en temps. Égouttez les navets en réservant le liquide. Remettez les navets dans la marmite. Ajouter la cuillère à soupe d'huile d'olive restante, la ciboule et ½ cuillère à café de poivre. Utilisez un pilon à pommes de terre pour écraser le mélange de

betteraves, en ajoutant du liquide de cuisson au besoin pour obtenir la consistance désirée.

4. Retirer les feuilles de laurier du mélange de poulet; Jeter le poulet et servir la sauce sur les rutabagas en purée. Saupoudrez de thym frais si vous le souhaitez.

PILONS GLACES A L'EAU-DE-VIE DE PECHE

DEVOIRS:Griller pendant 30 minutes : 40 minutes donne : 4 portions

CES PATTES DE POULET SONT PARFAITESAVEC UNE SALADE CROQUANTE ET DES FRITES DE PATATES DOUCES AU FOUR EPICEES SELON LA RECETTE EPICEE DE L'EPAULE DE PORC TUNISIENNE (CF<u>ORDONNANCE</u>). PRESENTE ICI AVEC UNE SALADE DE CHOU CROUSTILLANTE AUX RADIS, MANGUE ET MENTHE (CF<u>ORDONNANCE</u>).

GLAÇAGE A L'EAU-DE-VIE DE PECHE
- 1 cuillère à soupe d'huile d'olive
- ½ tasse d'oignon haché
- 2 pêches fraîches moyennes, coupées en deux, dénoyautées et hachées
- 2 cuillères à soupe de cognac
- 1 tasse de sauce BBQ (cf<u>ordonnance</u>)
- 8 hauts de cuisse de poulet (2 à 2½ livres au total), la peau enlevée si désiré

1. Pour le glaçage, chauffer l'huile d'olive dans une casserole moyenne à feu moyen-vif. ajouter les oignons; Cuire environ 5 minutes ou jusqu'à tendreté, en remuant de temps en temps. Ajouter les pêches. Couvrir et cuire de 4 à 6 minutes ou jusqu'à ce que les pêches soient tendres, en remuant de temps à autre. Ajouter le brandy; cuire, à découvert, 2 minutes, en remuant de temps à autre. Laisser refroidir légèrement. Transférer le mélange de pêches dans un mélangeur ou un robot culinaire. Couvrir et mélanger ou traiter jusqu'à consistance lisse. Ajouter la sauce barbecue. Couvrir et mélanger ou traiter jusqu'à consistance lisse. Reversez la sauce dans la casserole.

Cuire à feu moyen jusqu'à ce que le tout soit bien chaud. Transférer ¾ tasse de sauce dans un petit bol pour arroser le poulet. Réserver le reste de la sauce au chaud,

2. Sur un gril à charbon de bois, placez le charbon de bois autour d'une lèchefrite à feu moyen-vif. Testez à feu moyen sur le bac d'égouttage. Placer les cuisses de poulet sur une grille de cuisson au-dessus d'une lèchefrite. Couvrir et griller pendant 40 à 50 minutes ou jusqu'à ce que le poulet ne soit plus rose (175 °F), en le retournant une fois à mi-cuisson et en le badigeonnant de ¾ tasse de glaçage au brandy et à la pêche pendant les 5 dernières minutes. Frire pendant 10 minutes. (Pour un gril à gaz, préchauffer le gril. Réduire le feu à moyen. Régler le feu pour une cuisson indirecte. Transférer les cuisses de poulet de la cuisinière au gril. Couvrir et griller comme indiqué).

POULET MARINE AU CHILI AVEC SALADE MANGUE MELON

DEVOIRS:40 minutes Refroidissement / Marinade : 2 à 4 heures Grillage : 50 minutes
Rendement : 6 à 8 portions

ANCHO CHILI EST UN POBLANO SEC— PIMENT VERT CLAIR ET FONCE AU GOUT EXTREMEMENT FRAIS. LES PIMENTS ANCHO ONT UNE SAVEUR LEGEREMENT FRUITEE AVEC DES NOTES DE PRUNE OU DE RAISIN SEC ET JUSTE UN SOUPÇON D'AMERTUME. LES PIMENTS DU NOUVEAU-MEXIQUE PEUVENT ETRE MODEREMENT PIQUANTS. CE SONT LES PIMENTS ROUGES PROFONDS TROUVES DANS CERTAINES PARTIES DU SUD-OUEST QUI SONT REGROUPES ET SUSPENDUS DANS DES RISTRAS, DES ARRANGEMENTS COLORES DE PIMENTS SECHES.

POULET
- 2 piments séchés du Nouveau-Mexique
- 2 piments ancho séchés
- 1 tasse d'eau bouillante
- 3 cuillères à soupe d'huile d'olive
- 1 gros oignon doux, pelé et coupé en tranches épaisses
- 4 tomates Roma, épépinées
- 1 cuillère à soupe d'ail haché (6 gousses)
- 2 cuillères à café de cumin moulu
- 1 cuillère à café d'origan séché, broyé
- 16 cuisses de poulet

SALADE
- 2 tasses de melon coupé en dés
- 2 tasses de miellat coupé en dés
- 2 tasses de mangue tranchée
- ¼ tasse de jus de lime frais

1 cuillère à café de piment en poudre

½ cuillère à café de cumin moulu

¼ tasse de coriandre fraîche, hachée

1. Pour le poulet, retirez les tiges et les graines du Nouveau-Mexique séché et des piments ancho. Chauffer une grande poêle à feu moyen-vif. Faire sauter les piments dans une poêle pendant 1 à 2 minutes ou jusqu'à ce qu'ils soient parfumés et légèrement grillés. Placer les piments rôtis dans un petit bol; verser de l'eau bouillante dans le bol. Laisser reposer au moins 10 minutes ou jusqu'au moment de servir.

2. Préchauffez le gril. Tapisser une plaque à pâtisserie de papier d'aluminium; Étaler 1 cuillère à soupe d'huile d'olive sur du papier d'aluminium. Disposer les tranches d'oignon et les tomates dans la poêle. Griller à environ 4 pouces hors du feu pendant 6 à 8 minutes ou jusqu'à ce qu'ils soient tendres et carbonisés. Égouttez les piments en réservant l'eau.

3. Pour la marinade, mélanger les piments, les oignons, les tomates, l'ail, le cumin et l'origan dans un mélangeur ou un robot culinaire. Couvrir et réduire en purée ou mélanger jusqu'à consistance lisse, en ajoutant de l'eau réservée au besoin pour réduire en purée à la consistance désirée.

4. Placez le poulet dans un grand sac en plastique refermable dans un bol peu profond. Verser la marinade sur le poulet dans un sac, en retournant le sac pour bien l'enrober. Laisser mariner au réfrigérateur pendant 2 à 4 heures en retournant le sac de temps en temps.

5. Pour la salade, dans un très grand bol, mélanger le melon, le melon miel, la mangue, le jus de citron vert, 2 cuillères à soupe d'huile d'olive, la poudre de chili, le cumin et la coriandre restante. Jetez pour couvrir. Couvrir et réfrigérer de 1 à 4 heures.

6. Sur un gril à charbon de bois, placez le charbon de bois autour d'une lèchefrite à feu moyen-vif. Testez dans une casserole à feu moyen. Égoutter le poulet en réservant la marinade. Placer le poulet sur le gril au-dessus d'une lèchefrite. Badigeonner généreusement le poulet avec une partie de la marinade (jeter tout excès de marinade). Couvrir et griller pendant 50 minutes ou jusqu'à ce que le poulet ne soit plus rosé (175 °F). Retourner une fois à mi-cuisson. (Pour les grils à gaz, préchauffer le gril. Réduire le feu à moyen. Régler sur cuisson indirecte. Procéder comme indiqué en plaçant le poulet à feu doux.) Servir les cuisses de poulet avec la salade.

CUISSES DE POULET FAÇON TANDOORI AVEC RAÏTA DE CONCOMBRE

DEVOIRS:20 minutes Mariner : 2 à 24 heures Griller : 25 minutes Rendement : 4 portions

RAITA EST FAIT AVEC DES NOIX DE CAJOU.CREME, JUS DE CITRON, MENTHE, CORIANDRE ET CONCOMBRE. OFFRE UN CONTREPOINT RAFRAICHISSANT AU POULET SAVOUREUX ET EPICE.

POULET

- 1 oignon, coupé en fines lanières
- 1 morceau de gingembre frais de 2 pouces, pelé et coupé en quartiers
- 4 gousses d'ail
- 3 cuillères à soupe d'huile d'olive
- 2 cuillères à soupe de jus de citron frais
- 1 cuillère à café de cumin moulu
- 1 cuillère à café de curcuma moulu
- ½ cuillère à café de poivre moulu
- ½ cuillère à café de cannelle moulue
- ½ cuillère à café de poivre noir
- ¼ cuillère à café de poivre de Cayenne
- 8 cuisses de poulet

CONCOMBRE RAÏTA

- 1 tasse de crème de cajou (cf<u>ordonnance</u>)
- 1 cuillère à soupe de jus de citron frais
- 1 cuillère à soupe de menthe fraîche hachée
- 1 cuillère à soupe de coriandre fraîche, coupée en lanières
- ½ cuillère à café de cumin moulu
- ⅛ cuillère à café de poivre noir
- 1 concombre moyen, pelé, épépiné et coupé en dés (1 tasse)

Tranches de citrons

1. Mélangez l'oignon, le gingembre, l'ail, l'huile d'olive, le jus de citron, le cumin, le curcuma, le piment de la Jamaïque, la cannelle, le poivre noir et le poivre de Cayenne dans un mélangeur ou un robot culinaire. Couvrir et mélanger ou traiter jusqu'à consistance lisse.

2. Percez chaque jambe quatre ou cinq fois avec la pointe d'un couteau de cuisine. Placer les pilons dans un grand sac en plastique refermable placé dans un grand bol. ajouter le mélange d'oignons; Laisser mariner au réfrigérateur de 2 à 24 heures en retournant le sac de temps en temps.

3. Préchauffez le gril. Retirer le poulet de la marinade. Utilisez des serviettes en papier pour essuyer l'excédent de marinade sur les pilons. Placer les barres sur une grille dans une poêle non chauffée ou sur une plaque à pâtisserie tapissée de papier d'aluminium. Griller 6 à 8 pouces de la source de chaleur pendant 15 minutes. inverser les roulements de tambour ; Rôtir environ 10 minutes ou jusqu'à ce que le poulet ne soit plus rose (175°F).

4. Pour la raïta, combiner la crème de noix de cajou, le jus de citron vert, la menthe, la coriandre, le cumin et le poivre noir dans un bol moyen. Ajouter délicatement le concombre.

5. Servir le poulet avec la raïta et les quartiers de citron.

RAGOUT DE POULET AU CURRY AVEC LEGUMES-RACINES, ASPERGES ET SAVEUR DE POMME VERTE ET MENTHE

DEVOIRS:30 minutes de cuisson : 35 minutes de repos : 5 minutes Rendement : 4 portions

- 2 cuillères à soupe d'huile de noix de coco raffinée ou d'huile d'olive
- 2 livres de poitrines de poulet avec os, sans peau si désiré
- 1 tasse d'oignon haché
- 2 cuillères à soupe de gingembre frais râpé
- 2 cuillères à soupe d'ail haché
- 2 cuillères à soupe de curry en poudre non salé
- 2 cuillères à soupe de jalapeños hachés et épépinés (cf<u>maigre</u>)
- 4 tasses de bouillon d'os de poulet (cf<u>ordonnance</u>) ou bouillon de poulet non salé
- 2 patates douces moyennes (environ 1 livre), pelées et hachées
- 2 betteraves moyennes (environ 6 onces), pelées et hachées
- 1 tasse de tomates, épépinées et coupées en dés
- 8 onces d'asperges, parées et coupées en morceaux de 1 pouce
- 1 boîte de 13,5 onces de lait de coco ordinaire (comme Nature's Way)
- ½ tasse de coriandre fraîche, coupée en lanières
- vinaigrette pomme menthe (cf<u>ordonnance</u>, sous)
- Tranches de citrons

1. Chauffer l'huile dans un faitout de 6 pintes à feu moyen. Par lots, saisir le poulet dans l'huile chaude jusqu'à ce qu'il soit uniformément doré, environ 10 minutes. Transférer le poulet dans une assiette; mettre de côté.

2. Réglez le feu à moyen. Ajouter l'oignon, le gingembre, l'ail, la poudre de curry et le jalapeño dans la casserole. Cuire et remuer pendant 5 minutes ou jusqu'à ce que l'oignon ramollisse. Ajouter le bouillon d'os de poulet, les patates

douces, les feuilles de navet et les tomates. Remettez les morceaux de poulet dans la casserole et essayez de plonger le poulet dans le plus de liquide possible. Réduire le feu à moyen-doux. Couvrir et laisser mijoter 30 minutes ou jusqu'à ce que le poulet ne soit plus rose et que les légumes soient tendres. Ajouter les asperges, le lait de coco et la coriandre. Retirer du feu. Laisser agir 5 minutes. Si nécessaire, coupez le poulet de l'os pour le répartir uniformément dans les bols. Servir avec de la sauce pomme-menthe et des quartiers de citron vert.

Vinaigrette à la menthe et aux pommes : Dans un robot culinaire, broyer ½ tasse de flocons de noix de coco non sucrés jusqu'à ce qu'ils soient friables. Ajouter 1 tasse de feuilles de coriandre fraîche et cuire à la vapeur; 1 tasse de feuilles de menthe fraîche; 1 pomme Granny Smith, évidée et hachée; 2 cuillères à café de jalapeños hachés et épépinés (cf maigre); et 1 cuillère à soupe de jus de citron frais. Battre jusqu'à ce qu'il soit finement haché.

SALADE DE POULET GRILLE AUX FRAMBOISES, BETTERAVES ET AMANDES GRILLEES

DEVOIRS : 30 minutes Rôti : 45 minutes Mariné : 15 minutes Grill : 8 minutes Rendement : 4 portions

- ½ tasse d'amandes entières
- 1½ cuillère à café d'huile d'olive
- 1 betterave moyenne
- 1 betterave dorée moyenne
- 2 demi-poitrines de poulet désossées et sans peau de 6 à 8 onces
- 2 tasses de framboises fraîches ou surgelées, décongelées
- 3 cuillères à soupe de vinaigre de vin rouge ou blanc
- 2 cuillères à soupe d'estragon frais, coupé en lanières
- 1 cuillère à soupe d'échalotes hachées
- 1 cuillère à café de moutarde de Dijon ordonnance)
- ¼ tasse d'huile d'olive
- Poivre noir
- 8 tasses de légumes mélangés

1. Pour les amandes, préchauffez le four à 200 °C. Étendre les amandes sur une petite plaque à pâtisserie et mélanger avec ½ cuillère à café d'huile d'olive. Cuire au four environ 5 minutes ou jusqu'à ce qu'ils soient parfumés et dorés. Laisser refroidir. (Les amandes peuvent être grillées 2 jours à l'avance et conservées dans un contenant hermétique.)

2. Pour les betteraves, placez chaque betterave sur un petit morceau de papier d'aluminium et versez ½ cuillère à café d'huile d'olive sur chacune. Enroulez du papier d'aluminium sans serrer autour de la betterave et placez-la sur une plaque à pâtisserie ou une casserole. Rôtir les

betteraves au four à 400 °F pendant 40 à 50 minutes ou jusqu'à ce qu'elles soient tendres si vous les percez avec un couteau. Retirer du four et laisser reposer jusqu'à ce qu'il soit suffisamment froid au toucher. Retirer la peau avec un couteau de cuisine. Coupez les betteraves en dés et réservez. (Évitez de mélanger les betteraves pour éviter que les betteraves ne tachent les betteraves dorées. Les betteraves peuvent être rôties 1 jour à l'avance et réfrigérées. Amener à température ambiante avant de servir.)

3. Couper chaque poitrine de poulet en deux horizontalement pour le poulet. Placez chaque morceau de poulet entre deux morceaux de pellicule plastique. À l'aide d'un maillet à viande, marteler doucement jusqu'à environ un pouce d'épaisseur. Placer le poulet dans un bol peu profond et réserver.

4. Pour la vinaigrette, dans un grand bol, réduire en purée légère ¾ tasse de framboises avec un fouet (garder les framboises restantes pour la salade). Ajouter le vinaigre, l'estragon, les échalotes et la moutarde de Dijon; battre pour mélanger. Ajouter ¼ tasse d'huile d'olive en un mince filet, en remuant bien. Verser ½ tasse de vinaigrette sur le poulet; Retourner le poulet pour l'enrober (réserver le reste de la vinaigrette pour la salade). Laisser mariner le poulet à température ambiante pendant 15 minutes. Retirer le poulet de la marinade et saupoudrer de poivre; Mettre le reste de la marinade dans un bol.

5. Pour un gril à charbon de bois ou un gril à gaz, placez le poulet sur un gril direct à feu moyen-vif. Couvrir et griller

de 8 à 10 minutes ou jusqu'à ce que le poulet ne soit plus rosé. Retourner une fois à mi-cuisson. (Le poulet peut également être préparé sur une plaque chauffante.)

6. Dans un grand bol, combiner la laitue, les betteraves et les 1¼ tasses de framboises restantes. Verser la vinaigrette réservée sur la salade; Agiter doucement pour enrober. Répartir la laitue dans quatre assiettes; Garnir chacun d'un morceau de poitrine de poulet grillé. Hacher grossièrement les amandes grillées et saupoudrer dessus. Sers immédiatement.

POITRINE DE POULET FARCIE DE BROCOLI AVEC SAUCE TOMATE FRAICHE ET SALADE CESAR

DEVOIRS : 40 minutes Cuisson : 25 minutes Donne : 6 portions

3 cuillères à soupe d'huile d'olive

2 cuillères à café d'ail haché

¼ cuillère à café de piment rouge broyé

1 livre de brocoli raab, paré et haché

½ tasse de raisins secs dorés non sulfurés

½ tasse d'eau

4 demi-poitrines de poulet désossées et sans peau, 5 à 6 oz

1 tasse d'oignon haché

3 tasses de tomates hachées

¼ tasse de basilic frais haché

2 cuillères à café de vinaigre de vin rouge

3 cuillères à soupe de jus de citron frais

2 cuillères à soupe de mayonnaise paléo (cf[ordonnance](#))

2 cuillères à café de moutarde de Dijon (cf[ordonnance](#))

1 cuillère à café d'ail haché

½ cuillère à café de poivre noir

¼ tasse d'huile d'olive

10 tasses de laitue romaine hachée

1. Faites chauffer 1 cuillère à soupe d'huile d'olive dans une grande poêle à feu moyen-vif. Ajouter l'ail et les poivrons hachés; cuire et remuer pendant 30 secondes ou jusqu'à ce qu'il soit parfumé. Ajouter le brocoli haché, les raisins secs et ½ tasse d'eau. Couvrir et cuire environ 8 minutes ou jusqu'à ce que le brocoli soit tendre et tendre. Retirez le couvercle de la casserole; laisser l'excès d'eau s'évaporer. Mettre de côté.

2. Pour les petits pains, couper en deux chaque poitrine de poulet sur la longueur; Placez chaque morceau entre deux feuilles de pellicule plastique. À l'aide du côté lisse d'un maillet à viande, piler légèrement le poulet jusqu'à ce qu'il ait environ ¼ de pouce d'épaisseur. Pour chaque rouleau, placer environ ¼ tasse du mélange brocoli-crevettes sur l'une des extrémités courtes; rouler, plier sur le côté pour enfermer complètement la garniture. (Les petits pains peuvent être préparés jusqu'à 1 jour à l'avance et réfrigérés jusqu'à ce qu'ils soient prêts à cuire.)

3. Faites chauffer 1 cuillère à soupe d'huile d'olive dans une grande poêle à feu moyen-vif. Ajouter les rouleaux, coudre les côtés ensemble. Cuire au four environ 8 minutes ou jusqu'à ce qu'ils soient dorés de tous les côtés, en retournant 2 ou 3 fois. Transférer les rouleaux dans une assiette.

4. Pour la sauce, chauffer la cuillère à soupe d'huile d'olive restante dans une poêle à feu moyen-vif. ajouter les oignons; Cuire environ 5 minutes ou jusqu'à ce qu'il soit translucide. Ajouter les tomates et le basilic. Placer les rouleaux sur la sauce dans la poêle. Porter à ébullition à feu moyen; réduire la fièvre. Couvrir et laisser mijoter environ 5 minutes ou jusqu'à ce que les tomates commencent à se décomposer mais conservent leur forme et que les petits pains soient réchauffés.

5. Pour la vinaigrette, fouetter ensemble le jus de citron, la mayonnaise paléo, la moutarde de Dijon, l'ail et le poivre noir dans un petit bol. Arroser d'un quart de tasse d'huile d'olive et battre jusqu'à émulsion. Mélanger la vinaigrette

avec la laitue romaine hachée dans un grand bol. Pour servir, répartir la laitue romaine dans six assiettes. Coupez les rouleaux et placez-les sur la laitue romaine; Arroser le dessus de ketchup.

WRAPS DE BROCHETTE DE POULET GRILLE AVEC LEGUMES EPICES ET SAUCE AUX PIGNONS DE PIN

DEVOIRS:20 minutes Mariner : 30 minutes Griller : 10 minutes Donne : 8 petits pains (4 portions)

- 1½ livre de poitrines de poulet désossées et sans peau, coupées en morceaux de 2 pouces
- 5 cuillères à soupe d'huile d'olive
- 2 cuillères à soupe de jus de citron frais
- 1¾ cuillère à café de cumin moulu
- 1 cuillère à café d'ail haché
- 1 cuillère à café de paprika
- ½ cuillère à café de poudre de curry
- ½ cuillère à café de cannelle moulue
- ¼ cuillère à café de poivre de Cayenne
- 1 courgette moyenne, coupée en deux
- 1 petite aubergine, coupée en tranches de ½ pouce
- 1 gros poivron jaune, coupé en deux et épépiné
- 1 oignon rouge moyen, coupé en quatre
- 8 tomates cerises
- 8 grandes feuilles de laitue beurre
- Sauce aux pignons de pin rôtis (cfordonnance)
- Tranches de citrons

1. Pour la marinade, mélangez 3 cuillères à soupe d'huile d'olive, du jus de citron, 1 cuillère à café de cumin, de l'ail, ½ cuillère à café de paprika, du curry en poudre, ¼ de cuillère à café de cannelle et du poivre de Cayenne dans un petit bol. Placer les morceaux de poulet dans un grand sac en plastique refermable dans un bol peu profond. Verser la marinade sur le poulet. Fermez le sac.

Transformez le sac en manteau. Laisser mariner au réfrigérateur pendant 30 minutes en retournant le sac de temps en temps.

2. Retirez le poulet de la marinade; jeter la marinade. Enfiler le poulet sur quatre longues brochettes.

3. Placer les courgettes, les aubergines, les poivrons et l'oignon sur une plaque à pâtisserie. Arroser de 2 cuillères à soupe d'huile d'olive. Saupoudrer de ¾ de cuillère à thé de cumin, de la ½ cuillère à thé de paprika restante et du ¼ de cuillère à thé de cannelle restante; Répartir légèrement sur les légumes. Enfilez les tomates sur deux rails.

3. Pour un gril au charbon de bois ou au gaz, placez les brochettes de poulet et de tomates et les légumes sur le gril à feu moyen-vif. Couvrir et griller jusqu'à ce que le poulet ne soit plus rose et que les légumes soient légèrement carbonisés et croustillants, en les retournant une fois. Attendez 10 à 12 minutes pour le poulet, 8 à 10 minutes pour les légumes et 4 minutes pour les tomates.

4. Retirer le poulet des brochettes. Hachez le poulet et coupez les courgettes, les aubergines et les poivrons en petits morceaux. Retirer les tomates des brochettes (ne pas hacher). Disposez le poulet et les légumes dans une assiette. Pour servir, étendre le poulet et les légumes sur la salade; arroser de sauce aux pignons de pin grillés. Servir avec des quartiers de citron.

BLANC DE POULET AU FOUR AVEC CHAMPIGNONS, CHOU-FLEUR BRAISE A L'AIL ET ASPERGES ROTIES

DU DEBUT A LA FIN :50 minutes donne : 4 portions

4 poitrines de poulet avec os de 10 à 12 onces, peau enlevée

3 tasses de petits champignons blancs

1 tasse de poireaux ou d'oignons jaunes tranchés finement

2 tasses de bouillon d'os de poulet (cf<u>ordonnance</u>) ou bouillon de poulet non salé

1 tasse de vin blanc sec

1 gros bouquet de thym frais

Poivre noir

vinaigre de vin blanc (facultatif)

1 tête de chou-fleur, divisée en chou-fleur

12 gousses d'ail, pelées

2 cuillères à soupe d'huile d'olive

Poivre blanc ou cayenne

1 livre d'asperges, hachées

2 cuillères à café d'huile d'olive

1. Préchauffer le four à 400°F. Placer les poitrines de poulet dans une cocotte rectangulaire de 3 litres; Garnir de champignons et de poireaux. Verser le bouillon d'os de poulet et le vin sur le poulet et les légumes. Saupoudrer de thym et saupoudrer de poivre noir. Recouvrez la plaque de papier d'aluminium.

2. Cuire au four de 35 à 40 minutes ou jusqu'à ce qu'un thermomètre à lecture instantanée inséré dans le poulet indique 170 °F. Retirer et jeter les brins de thym. Assaisonner au goût avec un trait de vinaigre avant de servir.

2. Entre-temps, dans une grande casserole, cuire le chou-fleur et l'ail dans une grande quantité d'eau bouillante pendant environ 10 minutes ou jusqu'à ce qu'ils soient très tendres. Égoutter le chou-fleur et l'ail en réservant 2 cuillères à soupe du liquide de cuisson. Placer le chou-fleur et le liquide de cuisson réservé dans un robot culinaire ou un grand bol à mélanger. Mélanger jusqu'à consistance lisse* ou avec un pilon à pommes de terre ; Ajouter 2 cuillères à soupe d'huile d'olive et assaisonner de poivre blanc. Réserver au chaud jusqu'au moment de servir.

3. Disposez les asperges en une seule couche sur une plaque à pâtisserie. Arroser de 2 cuillères à soupe d'huile d'olive et mélanger. Saupoudrer de poivre noir. Rôtir au four à 400 °F pendant environ 8 minutes ou jusqu'à ce qu'ils soient croustillants, en remuant une fois.

4. Répartir la purée de chou-fleur dans six assiettes. Garnir de poulet, de champignons et de poireaux. Arroser un peu de liquide de braisage dessus; Servir avec des asperges rôties.

*Remarque : Si vous utilisez un robot culinaire, veillez à ne pas trop mélanger, sinon le chou-fleur deviendra trop mince.

SOUPE AU POULET A LA THAÏLANDAISE

DEVOIRS:Congeler 30 minutes : Cuire 20 minutes : 50 minutes Donne : 4 à 6 portions

LE TAMARIN EST UN FRUIT AMER ET MUSICALUTILISE DANS LA CUISINE INDIENNE, THAÏLANDAISE ET MEXICAINE. DE NOMBREUSES PATES DE TAMARIN FABRIQUEES DANS LE COMMERCE CONTIENNENT DU SUCRE; ASSUREZ-VOUS D'EN ACHETER UN QUI NE L'INCLUT PAS. LES FEUILLES DE LIME KAFFIR SONT DISPONIBLES FRAICHES, CONGELEES ET SECHEES SUR LA PLUPART DES MARCHES ASIATIQUES. SI VOUS NE LES TROUVEZ PAS, REMPLACEZ LES FEUILLES PAR 1½ CUILLERE A CAFE DE ZESTE DE CITRON VERT FINEMENT RAPE DANS CETTE RECETTE.

- 2 bâtons de citronnelle, parés
- 2 cuillères à soupe d'huile de noix de coco non raffinée
- ½ tasse d'oignon rouge finement tranché
- 3 grosses gousses d'ail, tranchées finement
- 8 tasses de bouillon d'os de poulet (cfordonnance) ou bouillon de poulet non salé
- ¼ tasse de pâte de tamarin non sucrée (telle que la marque Tamicon)
- 2 cuillères à soupe de flocons de nori
- 3 piments thaïlandais frais, tranchés finement avec les graines intactesmaigre)
- 3 feuilles de lime kaffir
- 1 morceau de gingembre de 3 pouces, tranché finement
- 4 demi-poitrines de poulet désossées et sans peau de 6 onces
- 1 boîte de 14,5 onces de tomates rôties au feu en dés non salées, égouttées
- 6 onces d'asperges fines, parées et tranchées finement en diagonale en morceaux de ½ pouce
- ½ tasse de feuilles de basilic thaï tassées (cfnote)

1. À l'aide du dos d'un couteau, appuyez fermement sur les tiges de citronnelle. Hacher finement les tiges écrasées.

2. Faites chauffer l'huile de noix de coco dans un faitout à feu moyen-vif. Ajouter la citronnelle et la ciboulette; Cuire 8 à 10 minutes en remuant souvent. ajouter l'ail; Cuire et remuer pendant 2 à 3 minutes ou jusqu'à ce qu'il soit très parfumé.

3. Ajouter le bouillon d'os de poulet, la pâte de tamarin, les flocons de nori, le piment, les feuilles de citron vert et le gingembre. porter à ébullition; réduire la fièvre. Couvrir et cuire à feu doux pendant 40 minutes.

4. Entre-temps, congeler le poulet de 20 à 30 minutes ou jusqu'à ce qu'il soit ferme. Couper le poulet en fines tranches.

5. Filtrer la soupe à travers une passoire fine dans une grande casserole et presser avec le dos d'une grande cuillère pour faire ressortir les saveurs. Jeter les solides. Laissez bouillir la soupe. Ajouter le poulet, les tomates non égouttées, les asperges et le basilic. Réduire le feu; laisser mijoter à découvert pendant 2 à 3 minutes ou jusqu'à ce que le poulet soit tendre. Sers immédiatement.

POULET GRILLE AU CITRON ET SAUGE A LA SCAROLE

DEVOIRS:15 minutes de rôtissage : 55 minutes de repos : 5 minutes Rendement : 4 portions

TRANCHES DE CITRON ET FEUILLE DE SAUGE.PLACE SOUS LA PEAU DU POULET, IL AROMATISE LA VIANDE PENDANT LA CUISSON ET CREE UN MOTIF DISTINCTIF SOUS LA PEAU CROUSTILLANTE ET OPAQUE A LA SORTIE DU FOUR.

- 4 poitrines de poulet avec os (avec peau)
- 1 citron, tranché très finement
- 4 grandes feuilles de sauge
- 2 cuillères à café d'huile d'olive
- 2 cuillères à café d'épices méditerranéennes (cf<u>ordonnance</u>)
- ½ cuillère à café de poivre noir
- 2 cuillères à soupe d'huile d'olive extra vierge
- 2 échalotes, tranchées
- 2 gousses d'ail hachées
- 4 têtes de fenouil coupées en deux dans le sens de la longueur

1. Préchauffer le four à 400°F. À l'aide d'un couteau à éplucher, retirez délicatement la peau de chaque moitié de la poitrine en la laissant de côté. Déposer 2 tranches de citron et 1 feuille de sauge sur chaque poitrine. Remettez doucement la peau en place et appuyez doucement pour la fixer.

2. Placer le poulet dans une rôtissoire peu profonde. Badigeonner le poulet de 2 cuillères à thé d'huile d'olive; saupoudrer d'épices méditerranéennes et de ¼ de cuillère à café de poivre. Griller, à découvert, environ 55 minutes ou jusqu'à ce que la peau soit dorée et croustillante et

qu'un thermomètre à lecture instantanée inséré dans les lanières de poulet indique 170 °F. Laisser reposer le poulet 10 minutes avant de servir.

3. Pendant ce temps, dans une grande poêle, chauffer 2 cuillères à soupe d'huile d'olive à feu moyen-vif. ajouter les échalotes; Cuire environ 2 minutes ou jusqu'à ce qu'il soit translucide. Saupoudrer l'endive avec le ¼ de cuillère à café de poivre restant. Mettez l'ail dans la poêle. Déposer les endives, côtés vers le bas, dans une poêle. Cuire environ 5 minutes ou jusqu'à ce qu'ils soient dorés. tourner délicatement l'endive; Cuire 2 à 3 minutes de plus ou jusqu'à tendreté. Servir avec du poulet.

POULET AUX OIGNONS NOUVEAUX, CRESSON ET RADIS

DEVOIRS:20 minutes bouilli : 8 minutes cuit : 30 minutes Rendement : 4 portions

MEME S'IL PEUT SEMBLER ETRANGE DE CUISINER DES RADIS,ILS SONT A PEINE CUITS ICI, JUSTE ASSEZ POUR ADOUCIR LEUR MORSURE FORTE ET LES ADOUCIR UN PEU.

- 3 cuillères à soupe d'huile d'olive
- 4 poitrines de poulet avec os de 10 à 12 onces (avec la peau)
- 1 cuillère à soupe de citron-herbe-épice (cf<u>ordonnance</u>)
- ¾ tasse d'oignon haché
- 6 radis, tranchés finement
- ¼ cuillère à café de poivre noir
- ½ tasse de vermouth blanc sec ou de vin blanc sec
- ⅓ tasse de crème de cajou (cf<u>ordonnance</u>)
- 1 botte de cresson, tiges parées et hachées
- 1 cuillère à soupe d'aneth frais, coupé en lanières

1. Préchauffer le four à 350°F. Chauffer l'huile d'olive dans une grande poêle à feu moyen-vif. Séchez le poulet avec une serviette en papier. Faire frire le poulet, côté peau vers le bas, pendant 4 à 5 minutes ou jusqu'à ce que la peau soit dorée et croustillante. retourner le poulet; Cuire environ 4 minutes ou jusqu'à ce qu'ils soient dorés. Placer le poulet côté peau vers le haut dans un plat à gratin peu profond. Saupoudrer le poulet sur l'assaisonnement au citron. Cuire au four environ 30 minutes ou jusqu'à ce qu'un thermomètre à lecture instantanée inséré dans la grille à poulet indique 170 °F.

2. Pendant ce temps, versez tout sauf 1 cuillère à soupe de graisse de la poêle; Faire chauffer à nouveau la poêle. ajouter la ciboulette et les radis; Cuire environ 3 minutes ou jusqu'à ce que l'oignon soit flétri. Saupoudrer de poivre. Ajouter le vermouth et remuer pour gratter les morceaux bruns. porter à ébullition; cuire jusqu'à ce qu'il soit réduit et légèrement épaissi. ajouter la crème de noix de cajou; porter à ébullition. retirer la casserole du feu; Ajouter le cresson et l'aneth et remuer doucement jusqu'à ce que le cresson soit sec. Versez le jus de poulet accumulé dans la cocotte.

3. Répartir le mélange d'oignons dans quatre assiettes ; garni de poulet.

POULET TIKKA MASALA

DEVOIRS:30 minutes Mariner : 4 à 6 heures Cuisson : 15 minutes Grill : 8 minutes
Rendement : 4 portions

CECI A ETE INSPIRE PAR UN PLAT INDIEN TRES POPULAIRE.QUI N'A PEUT-ETRE PAS DU TOUT ETE FABRIQUE EN INDE, MAIS DANS UN RESTAURANT INDIEN AU ROYAUME-UNI. LE POULET TIKKA MASALA TRADITIONNEL IMPLIQUE QUE LE POULET SOIT MARINE DANS DU YOGOURT PUIS MIJOTE DANS UNE SAUCE TOMATE SAVOUREUSE AVEC DE LA CREME. SANS PRODUITS LAITIERS POUR ATTENUER LA SAVEUR DE LA SAUCE, CETTE VERSION A UN GOUT EXTRA PROPRE. AU LIEU DE RIZ, IL EST SERVI SUR DES NOUILLES DE COURGETTES CROUSTILLANTES.

- 1½ livre de cuisses de poulet désossées et sans peau ou de demi-poitrines de poulet
- ¾ tasse de lait de coco ordinaire (comme Nature's Way)
- 6 gousses d'ail, hachées
- 1 cuillère à soupe de gingembre frais râpé
- 1 cuillère à café de coriandre moulue
- 1 cuillère à café de paprika
- 1 cuillère à café de cumin moulu
- ¼ cuillère à café de cardamome moulue
- 4 cuillères à soupe d'huile de noix de coco raffinée
- 1 tasse de carottes hachées
- 1 céleri finement tranché
- ½ tasse d'oignon haché
- 2 piments jalapeño ou serrano, épépinés (si désiré) et hachés finement (cf_maigre_)
- 1 boîte de 14,5 onces de tomates rôties au feu en dés non salées, égouttées
- 1 boîte de 8 onces de ketchup sans sel
- 1 cuillère à café de garam masala sans sel ajouté
- 3 courgettes moyennes
- ½ cuillère à café de poivre noir

feuilles de coriandre fraîche

1. Si vous utilisez des cuisses de poulet, coupez chaque cuisse en trois morceaux. Si vous utilisez des moitiés de poitrine de poulet, coupez chaque poitrine en morceaux de 2 pouces et coupez les portions épaisses en deux horizontalement pour les rendre plus minces. Placer le poulet dans un grand sac de plastique refermable; mettre de côté. Pour la marinade, mélanger ½ tasse de lait de coco, ail, gingembre, coriandre, paprika, cumin et cardamome dans un petit bol. Verser la marinade sur le poulet dans le sac. Fermez le sac et retournez-le au poulet. Placer les sachets dans un bol de taille moyenne ; Laisser mariner au réfrigérateur pendant 4 à 6 heures en retournant le sac de temps en temps.

2. Préchauffez le gril. Dans une grande poêle, chauffer 2 cuillères à soupe d'huile de noix de coco à feu moyen-vif. Ajouter les carottes, le céleri et l'oignon; Cuire de 6 à 8 minutes ou jusqu'à ce que les légumes soient tendres, en remuant de temps à autre. ajouter les jalapeños; Cuire et remuer pendant 1 minute de plus. Ajouter les tomates non égouttées et le ketchup. porter à ébullition; réduire la fièvre. Laisser mijoter à découvert pendant environ 5 minutes ou jusqu'à ce que la sauce épaississe légèrement.

3. Égouttez le poulet et jetez la marinade. Disposez les morceaux de poulet en une seule couche sur une grille non chauffée dans une poêle. Griller à 5 à 6 pouces du feu pendant 8 à 10 minutes ou jusqu'à ce que le poulet ne soit plus rose, en le retournant une fois à mi-cuisson. Ajouter les morceaux de poulet cuits et ¼ tasse de lait de coco au mélange de tomates dans la poêle. Cuire 1 à 2 minutes ou

jusqu'à ce que le tout soit bien chaud. Retirer du feu; Ajouter le garam masala.

4. Coupez les extrémités des courgettes. À l'aide d'un coupe-julienne, coupez les courgettes en longues et fines lanières. Chauffer les 2 cuillères à soupe d'huile de noix de coco restantes dans une très grande poêle à feu moyen-vif. Ajouter les lanières de courgettes et le poivre noir. Cuire et remuer pendant 2 à 3 minutes ou jusqu'à ce que les courgettes soient croustillantes.

5. Pour servir, répartir les courgettes dans quatre assiettes. Garnir du mélange de poulet. Garnir de feuilles de coriandre.

CUISSES DE POULET RAS EL HANOUT

DEVOIRS : 20 minutes de cuisson : 40 minutes. Rendement : 4 portions

RAS EL HANOUT C'EST COMPLIQUEET UN MELANGE D'EPICES MAROCAINES EXOTIQUES. L'EXPRESSION SIGNIFIE "DIRECTEUR DES VENTES" EN ARABE ET INDIQUE QU'IL S'AGIT D'UN MELANGE UNIQUE DES MEILLEURES EPICES QUE LE MARCHAND D'EPICES A A OFFRIR. IL N'Y A PAS DE RECETTE POUR LE RAS EL HANOUT, MAIS IL COMPREND SOUVENT UN MELANGE DE GINGEMBRE, D'ANIS, DE CANNELLE, DE NOIX DE MUSCADE, DE GRAINS DE POIVRE, DE CLOUS DE GIROFLE, DE CARDAMOME, DE FLEURS SECHEES (COMME LA LAVANDE ET LA ROSE), DE NIGELLE, DE MACIS, DE GALANGA ET DE CURCUMA. .

- 1 cuillère à soupe de cumin moulu
- 2 cuillères à café de gingembre moulu
- 1½ cuillère à café de poivre noir
- 1½ cuillère à café de cannelle moulue
- 1 cuillère à café de coriandre moulue
- 1 cuillère à café de poivre de Cayenne
- 1 cuillère à café de poivre moulu
- ½ cuillère à café de clous de girofle moulus
- ¼ cuillère à café de muscade moulue
- 1 cuillère à café de filaments de safran (facultatif)
- 4 cuillères à soupe d'huile de noix de coco non raffinée
- 8 cuisses de poulet avec os
- 1 paquet de 8 onces de champignons de Paris frais, tranchés
- 1 tasse d'oignon haché
- 1 tasse de poivrons rouges, jaunes ou verts hachés (1 gros)
- 4 tomates Roma, épépinées, épépinées et hachées
- 4 gousses d'ail, hachées
- 2 boîtes de 13,5 onces de lait de coco ordinaire (comme Nature's Way)

3 à 4 cuillères à soupe de jus de citron frais

¼ tasse de coriandre fraîche hachée finement

1. Pour le ras el hanout, mélanger le cumin, le gingembre, le poivre noir, la cannelle, la coriandre, le poivre de Cayenne, le poivre, les clous de girofle, la muscade et, si désiré, le safran dans un mortier de taille moyenne ou un petit bol. Écrasez avec un mortier ou remuez avec une cuillère pour bien mélanger. Mettre de côté.

2. Faites chauffer 2 cuillères à soupe d'huile de noix de coco dans une grande poêle à feu moyen-vif. Saupoudrer les cuisses de poulet avec 1 cuillère à soupe de ras el hanout. mettre le poulet dans la poêle; Cuire de 5 à 6 minutes ou jusqu'à ce qu'ils soient dorés, en retournant une fois à mi-cuisson. retirer le poulet de la poêle; Garder au chaud

3. Faites chauffer les 2 cuillères à soupe d'huile de noix de coco restantes dans la même poêle à feu moyen-vif. Ajouter les champignons, les oignons, les poivrons, les tomates et l'ail. Cuire et remuer environ 5 minutes ou jusqu'à ce que les légumes soient tendres. Ajouter le lait de coco, le jus de citron vert et 1 cuillère à soupe de ras el hanout. Remettre le poulet dans la poêle. porter à ébullition; réduire la fièvre. Couvrir et laisser mijoter (175 °F), environ 30 minutes ou jusqu'à ce que le poulet soit tendre.

4. Servir le poulet, les légumes et la sauce dans des bols. Garnir de coriandre.

Remarque : conservez les restes de ras el hanout dans un récipient hermétique jusqu'à 1 mois.

CUISSES DE POULET MARINEES A LA CARAMBOLE SUR EPINARDS SAUTES

DEVOIRS:40 minutes Mariner : 4 à 8 heures Cuisson : 45 minutes Rendement : 4 portions

SI NECESSAIRE, SECHEZ LE POULET.AVEC UNE SERVIETTE EN PAPIER APRES QU'IL SOIT SORTI DE LA MARINADE AVANT DE DORER DANS LA POELE. LE LIQUIDE RESTANT SUR LA VIANDE ECLABOUSSE L'HUILE CHAUDE.

- 8 cuisses de poulet avec os (1½ à 2 livres), peau enlevée
- ¾ tasse de vinaigre de cidre blanc ou de pomme
- ¾ tasse de jus d'orange frais
- ½ tasse d'eau
- ¼ tasse d'oignon haché
- ¼ tasse de coriandre fraîche, hachée
- 4 gousses d'ail, hachées
- ½ cuillère à café de poivre noir
- 1 cuillère à soupe d'huile d'olive
- 1 carambole, tranchée
- 1 tasse de bouillon d'os de poulet (cf<u>ordonnance</u>) ou bouillon de poulet non salé
- 2 paquets de 9 onces de feuilles d'épinards frais
- feuilles de coriandre fraîche (facultatif)

1. Placer le poulet dans une marmite en acier inoxydable ou en émail ; mettre de côté. Dans un bol moyen, mélanger le vinaigre, le jus d'orange, l'eau, l'oignon, ¼ tasse de coriandre hachée, l'ail et le poivre; verser sur le poulet. Couvrir et réfrigérer de 4 à 8 heures.

2. Porter le mélange de poulet à ébullition dans une casserole à feu moyen-vif; réduire la fièvre. Couvrir et laisser mijoter de 35 à 40 minutes ou jusqu'à ce que le poulet ne soit plus rosé (175°F).

3. Chauffer l'huile dans une très grande poêle à feu moyen-vif. Retirer le poulet du faitout avec des pinces et secouer doucement pour égoutter le liquide de cuisson; conserver le liquide de cuisson. Saisir le poulet de tous les côtés, en le retournant souvent pour assurer un brunissement uniforme.

4. Pendant ce temps, pour la sauce, filtrer le liquide de cuisson ; Retour au four hollandais. Porter à ébullition. Cuire environ 4 minutes pour réduire et épaissir légèrement; ajouter la carambole; Cuire 1 minute de plus. Remettez le poulet dans la sauce dans le faitout. Retirer du feu; couvrir pour rester au chaud.

5. Nettoyez la casserole. Verser le bouillon d'os de poulet dans une casserole. Porter à ébullition à feu moyen; Ajouter les épinards. Réduire le feu; Cuire 1 à 2 minutes ou jusqu'à ce que les épinards soient tendres, en remuant constamment. Transférer les épinards dans une assiette perforée. Garnir de poulet et de sauce. Saupoudrez de feuilles de coriandre si vous le souhaitez.

TACOS AU POULET ET AU CHOU POBLANO AVEC MAYONNAISE CHIPOTLE

DEVOIRS:Au four 25 minutes : 40 minutes Rendement : 4 portions

SERVEZ CES TACOS DESORDONNES MAIS DELICIEUXAVEC UNE FOURCHETTE POUR ATTRAPER LA FARCE QUI TOMBE DE LA FEUILLE DE CHOU EN MANGEANT.

- 1 cuillère à soupe d'huile d'olive
- 2 piments poblano, épépinés (si désiré) et hachés (voir maigre)
- ½ tasse d'oignon haché
- 3 gousses d'ail hachées
- 1 cuillère à soupe de piment en poudre sans sel
- 2 cuillères à café de cumin moulu
- ½ cuillère à café de poivre noir
- 1 boîte de 8 onces de ketchup sans sel
- ¾ tasse de bouillon d'os de poulet (cf ordonnance) ou bouillon de poulet non salé
- 1 cuillère à café d'origan mexicain séché, broyé
- 1 à 1½ livres de cuisses de poulet désossées et sans peau
- 10 à 12 feuilles de chou moyennes à grandes
- Chipotle Paleo Mayo (cf. ordonnance)

1. Préchauffer le four à 350°F. Chauffer l'huile dans une grande poêle allant au four à feu moyen-vif. Ajouter les piments poblano, l'oignon et l'ail; Cuire et remuer pendant 2 minutes. Ajouter la poudre de chili, le cumin et le poivre noir; Poursuivre la cuisson et remuer pendant 1 minute (réduire le feu si nécessaire pour éviter que les épices ne brûlent).

2. Ajouter le ketchup, le bouillon d'os de poulet et l'origan dans la poêle. Porter à ébullition. Placer délicatement les cuisses de poulet dans le mélange de tomates. Couvrir la casserole avec un couvercle. Cuire au four environ 40 minutes ou jusqu'à ce que le poulet soit tendre (175 °F), en le retournant une fois à mi-cuisson.

3. Retirer le poulet de la poêle; refroidir un peu. À l'aide de deux fourchettes, déchiqueter le poulet en petits morceaux. Ajouter le poulet effiloché au mélange de tomates dans la poêle.

4. Pour servir, verser le mélange de poulet sur les feuilles de chou; Garnir de mayonnaise paléo chipotle.

RAGOUT DE POULET AUX MINI-CAROTTES ET BOK CHOY

DEVOIRS:Cuisson 15 minutes : 24 minutes repos : 2 minutes Rendement : 4 portions

LE BABY BOK CHOY EST TRES DELICATET VOUS POUVEZ DEBORDER EN UN RIEN DE TEMPS. POUR QU'IL RESTE CROUSTILLANT ET FRAIS, PAS RATATINE OU PATEUX, ASSUREZ-VOUS DE LE FAIRE CUIRE A LA VAPEUR DANS UNE MARMITE CHAUDE (ETEINTE) PENDANT 2 MINUTES MAXIMUM AVANT DE SERVIR.

- 2 cuillères à soupe d'huile d'olive
- 1 poireau, tranché (parties blanches et vert clair)
- 4 tasses de bouillon d'os de poulet (cf<u>ordonnance</u>) ou bouillon de poulet non salé
- 1 tasse de vin blanc sec
- 1 cuillère à soupe de moutarde de Dijon (cf<u>ordonnance</u>)
- ½ cuillère à café de poivre noir
- 1 brin de thym frais
- 1¼ livres de cuisses de poulet désossées et sans peau, coupées en morceaux de 1 pouce
- 8 onces de carottes miniatures, avec les extrémités, frottées, parées et coupées en deux dans le sens de la longueur, ou 2 carottes moyennes, tranchées en diagonale
- 2 cuillères à café de zeste de citron finement râpé (substitut)
- 1 cuillère à soupe de jus de citron frais
- 2 têtes de mini bok choy
- ½ cuillère à café de thym frais, râpé

1. Faites chauffer 1 cuillère à soupe d'huile d'olive dans une grande casserole à feu moyen-vif. Cuire les poireaux dans l'huile chaude de 3 à 4 minutes ou jusqu'à ce qu'ils soient tendres. Ajouter le bouillon d'os de poulet, le vin, la moutarde de Dijon, ¼ de cuillère à café de poivre et les

brins de thym. porter à ébullition; réduire la fièvre. Cuire de 10 à 12 minutes ou jusqu'à ce que le liquide ait réduit d'environ un tiers. Jetez le brin de thym.

2. Pendant ce temps, dans un faitout, chauffer la cuillère à soupe d'huile d'olive restante à feu moyen-vif. Saupoudrer le poulet du ¼ de cuillère à café de poivre restant. Frire dans l'huile chaude, en remuant de temps en temps, environ 3 minutes ou jusqu'à ce qu'ils soient dorés. Si nécessaire, égouttez la graisse. Versez délicatement le mélange de bouillon dans la casserole, en grattant les morceaux bruns; Ajouter les carottes. porter à ébullition; réduire la fièvre. Laisser mijoter à découvert pendant 8 à 10 minutes ou jusqu'à ce que les carottes soient tendres. Ajouter le jus de citron. Couper le pak choi en deux dans le sens de la longueur. (Si les têtes de pak choi sont grosses, coupez-les en quartiers.) Placez le pak choi sur le poulet dans la casserole. Couvrir et retirer du feu; Laisser reposer 2 minutes.

3. Servir le ragoût dans des bols peu profonds. Parsemer de zeste de citron et de lanières de thym.

POULET FRIT AUX NOIX DE CAJOU ET ORANGE ET POIVRE SUR PAPIER SALADE

DU DEBUT A LA FIN : 45 minutes donne : 4 à 6 portions

VOUS TROUVEREZ DEUX TYPES DEHUILE DE COCO SUR LES ETAGERES, RAFFINEE ET EXTRA VIERGE OU NON RAFFINEE. COMME SON NOM L'INDIQUE, L'HUILE DE NOIX DE COCO EXTRA VIERGE PROVIENT DU PREMIER PRESSAGE DE NOIX DE COCO FRAICHES ET CRUES. C'EST TOUJOURS LE MEILLEUR CHOIX LORS DE LA CUISSON A FEU MOYEN OU MOYEN. L'HUILE DE NOIX DE COCO RAFFINEE A UN POINT DE FUMEE PLUS ELEVE, DONC UTILISEZ-LA UNIQUEMENT LORS DE LA CUISSON A HAUTE TEMPERATURE.

- 1 cuillère à soupe d'huile de noix de coco raffinée
- 1½ à 2 livres de cuisses de poulet désossées et sans peau, coupées en fines lanières
- 3 poivrons rouges, oranges et/ou jaunes, pédonculés, épépinés et tranchés finement en lanières de taille
- 1 oignon rouge, coupé en deux dans le sens de la longueur et tranché finement
- 1 cuillère à café de zeste d'orange finement râpé (substitut)
- ½ tasse de jus d'orange frais
- 1 cuillère à soupe de gingembre frais haché
- 3 gousses d'ail hachées
- 1 tasse de noix de cajou non salées, grillées et hachées grossièrement (cf<u>maigre</u>)
- ½ tasse d'oignons verts hachés (4)
- 8 à 10 feuilles de laitue pommée ou iceberg

1. Faites chauffer l'huile de noix de coco dans un wok ou une grande poêle à feu vif. Ajouter le poulet; Cuire et remuer pendant 2 minutes. ajouter les poivrons et les oignons; cuire et remuer pendant 2 à 3 minutes ou jusqu'à ce que

les légumes soient tendres. Retirer le poulet et les légumes du wok; Garder au chaud

2. Séchez le wok avec une serviette en papier. Mettre le jus d'orange dans le wok. Cuire environ 3 minutes ou jusqu'à ce que le jus bouille et réduise légèrement. Ajouter le gingembre et l'ail. Cuire et remuer pendant 1 minute. Remettre le mélange de poulet et de poivrons dans le wok. Ajouter le zeste d'orange, les noix de cajou et les oignons nouveaux. Servir frit sur des feuilles de laitue.

POULET VIETNAMIEN A LA NOIX DE COCO ET A LA CITRONNELLE

DU DEBUT A LA FIN : 30 minutes donne : 4 portions

CE CURRY RAPIDE A LA NOIX DE COCOIL PEUT ETRE SUR LA TABLE 30 MINUTES APRES AVOIR COMMENCE A MORDRE, CE QUI EN FAIT UN REPAS IDEAL POUR UN SOIR DE SEMAINE CHARGE.

- 1 cuillère à soupe d'huile de noix de coco non raffinée
- 4 tiges de citronnelle (parties claires uniquement)
- 1 paquet de 3,2 onces de pleurotes, hachés
- 1 gros oignon, tranché finement, rondelles coupées en deux
- 1 jalapeño frais, épépiné et haché finement (cf maigre)
- 2 cuillères à soupe de gingembre frais haché
- 3 gousses d'ail hachées
- 1½ livres de cuisses de poulet désossées et sans peau, tranchées finement et coupées en petits morceaux
- ½ tasse de lait de coco ordinaire (comme Nature's Way)
- ½ tasse de bouillon d'os de poulet (cf ordonnance) ou bouillon de poulet non salé
- 1 cuillère à soupe de curry rouge en poudre non salé
- ½ cuillère à café de poivre noir
- ½ tasse de feuilles de basilic frais hachées
- 2 cuillères à soupe de jus de citron vert frais
- Noix de coco non sucrée desséchée (facultatif)

1. Chauffer l'huile de noix de coco dans une très grande poêle à feu moyen-vif. ajouter la citronnelle; Cuire et remuer pendant 1 minute. Ajouter les champignons, l'oignon, le jalapeño, le gingembre et l'ail; cuire et remuer pendant 2 minutes ou jusqu'à ce que l'oignon soit tendre. Ajouter le poulet; Cuire environ 3 minutes ou jusqu'à ce que le poulet soit bien cuit.

2. Mélanger le lait de coco, le bouillon d'os de poulet, la poudre de curry et le poivre noir dans un petit bol. Ajouter le mélange de poulet à la poêle; Cuire 1 minute ou jusqu'à ce que le liquide épaississe légèrement. Retirer du feu; ajouter le basilic frais et le jus de lime. Saupoudrez les portions de noix de coco si vous le souhaitez.

POULET GRILLE ET SALADE DE POMMES

DEVOIRS:Griller pendant 30 minutes : 12 minutes donne : 4 portions

SI TU VEUX UNE POMME PLUS SUCREEALLER AVEC HONEYCRISP. SI VOUS AIMEZ LA TARTE AUX POMMES, UTILISEZ GRANNY SMITH OU ESSAYEZ UNE COMBINAISON DES DEUX POUR L'EQUILIBRE.

- 3 pommes Honeycrisp ou Granny Smith moyennes
- 4 cuillères à café d'huile d'olive extra vierge
- ½ tasse d'échalotes finement hachées
- 2 cuillères à soupe de persil frais haché
- 1 cuillère à soupe d'assaisonnement pour volaille
- 3 à 4 têtes d'endives coupées en quartiers
- 1 livre de poitrine de poulet ou de poitrine de dinde
- ⅓ tasse de noisettes grillées hachées*
- ⅓ tasse de vinaigrette française classique (cf<u>ordonnance</u>)

1. Coupez les pommes en deux et épépinez-les. Pelez et coupez finement 1 pomme. Chauffer 1 cuillère à café d'huile d'olive dans une poêle de taille moyenne à feu moyen-vif. Ajouter les pommes et les échalotes hachées; Cuire jusqu'à tendreté. Ajouter le persil et l'assaisonnement pour volaille. Laisser refroidir.

2. Pendant ce temps, épépinez les 2 pommes restantes et coupez-les en quartiers. Badigeonner les surfaces coupées des tranches de pomme et de la scarole avec le reste d'huile d'olive. Mélanger le poulet et le mélange de pommes réfrigérées dans un grand bol. Diviser en huit

parties; Façonner chaque portion en une galette de 2 pouces de diamètre.

3. Pour un gril au charbon de bois ou au gaz, placez les galettes de poulet et les tranches de pomme directement sur le gril à feu moyen-vif. Couvrir et faire griller 10 minutes en retournant une fois à mi-cuisson. Ajouter l'endive, côté coupé vers le bas. Couvrir et faire griller de 2 à 4 minutes ou jusqu'à ce que l'endive soit légèrement carbonisée, que les pommes soient tendres et que les galettes de poulet soient bien cuites (165 °F).

4. Coupez la scarole en gros morceaux. Répartir la salade d'endives dans quatre assiettes de service. Garnir de pâté au poulet, de tranches de pomme et de noisettes. Arroser d'une vinaigrette française classique.

*Astuce : Pour griller les noisettes, préchauffer le four à 350°F. Répartir les noix en une seule couche dans une cocotte peu profonde. Cuire au four de 8 à 10 minutes ou jusqu'à ce qu'ils soient légèrement grillés, en remuant une fois pour un brunissement uniforme. Refroidir un peu les noix. Placer les noix chaudes sur un torchon propre; Frottez avec la serviette pour enlever la peau lâche.

SOUPE DE POULET TOSCANE AUX RUBANS DE CHOU FRISE

DEVOIRS:Temps de cuisson : 15 minutes : 20 minutes Rendement : 4 à 6 portions

UNE CUILLERE A SOUPE DE PESTO- VOTRE CHOIX DE BASILIC OU DE ROQUETTE - AJOUTE BEAUCOUP DE SAVEUR A CETTE SOUPE SAVOUREUSE ASSAISONNEE D'ASSAISONNEMENT POUR VOLAILLE SANS SEL. POUR GARDER LE CHOU FRISE VERT VIF ET AUSSI NUTRITIF QUE POSSIBLE, NE LE FAITES CUIRE QUE JUSQU'A CE QU'IL SE FANE.

- 1 livre de poulet haché
- 2 cuillères à soupe sans sel pour assaisonner la volaille
- 1 cuillère à café de zeste de citron finement râpé
- 1 cuillère à soupe d'huile d'olive
- 1 tasse d'oignon haché
- ½ tasse de carottes hachées
- 1 tasse de céleri haché
- 4 gousses d'ail, tranchées
- 4 tasses de bouillon d'os de poulet (cf<u>ordonnance</u>) ou bouillon de poulet non salé
- 1 boîte de 14,5 onces de tomates rôties au feu non salées, non égouttées
- 1 botte de chou frisé lacinato (toscan), tiges enlevées, râpées
- 2 cuillères à soupe de jus de citron frais
- 1 cuillère à café de thym frais, coupé en lanières
- Pesto de basilic ou de roquette (cf<u>recettes</u>)

1. Dans un bol moyen, mélanger le poulet, l'assaisonnement pour volaille et le zeste de citron. Bien mélanger.

2. Chauffer l'huile d'olive dans un faitout à feu moyen. Ajouter le mélange de poulet, l'oignon, les carottes et le céleri; Cuire de 5 à 8 minutes ou jusqu'à ce que le poulet ne soit plus rosé, en remuant avec une cuillère en bois pour

défaire la viande et en ajoutant les gousses d'ail à la dernière minute de cuisson. Ajouter le bouillon d'os de poulet et les tomates. porter à ébullition; réduire la fièvre. Couvrir et cuire à feu doux pendant 15 minutes. Ajouter le kale, le jus de citron et le thym. Laisser mijoter à découvert pendant environ 5 minutes ou jusqu'à ce que le chou soit tendre.

3. Pour servir, verser la soupe dans de petits bols et garnir de pesto de basilic ou de roquette.

LARB DE POULET

DEVOIRS:Cuisson 15 minutes : refroidissement 8 minutes : 20 minutes Rendement : 4 portions

CETTE VERSION DU PLAT THAÏLANDAIS POPULAIREFAIT DE POULET ET DE LEGUMES FORTEMENT ASSAISONNES, SERVI SUR DES FEUILLES DE LAITUE, IL EST INCROYABLEMENT LEGER ET SAVOUREUX SANS LE SUCRE AJOUTE, LE SEL ET LA SAUCE DE POISSON (RICHE EN SODIUM) QUI FONT GENERALEMENT PARTIE DE LA LISTE DES INGREDIENTS. AVEC DE L'AIL, DU PIMENT THAÏ, DE LA CITRONNELLE, DU ZESTE DE CITRON VERT, DU JUS DE CITRON VERT, DE LA MENTHE ET DE LA CORIANDRE, VOUS NE DEVRIEZ PAS MANQUER CE PLAT.

- 1 cuillère à soupe d'huile de noix de coco raffinée
- 2 livres de poulet haché (poitrine maigre ou hachée à 95 %)
- 8 onces de champignons, hachés finement
- 1 tasse d'oignon rouge finement haché
- 1 à 2 piments thaïlandais épépinés et hachés finement (cfmaigre)
- 2 cuillères à soupe d'ail haché
- 2 cuillères à soupe de citronnelle finement hachée*
- ¼ cuillère à café de clous de girofle moulus
- ¼ cuillère à café de poivre noir
- 1 cuillère à soupe de zeste de citron vert finement râpé
- ½ tasse de jus de citron vert frais
- ⅓ tasse de feuilles de menthe fraîche bien tassées, hachées
- ⅓ tasse de coriandre fraîche hachée finement, hachée
- 1 tête de laitue iceberg, divisée en feuilles

1. Chauffer l'huile de noix de coco dans une très grande poêle à feu moyen-vif. Ajouter le poulet, les champignons, l'oignon, le piment, l'ail, la citronnelle, les clous de girofle et le poivre noir. Cuire de 8 à 10 minutes ou jusqu'à ce que

le poulet soit bien cuit, en remuant avec une cuillère en bois pour briser la viande pendant la cuisson. Égoutter si nécessaire. Transférer le mélange de poulet dans un très grand bol. Laisser refroidir environ 20 minutes ou jusqu'à ce qu'il soit légèrement plus chaud que la température ambiante, en remuant de temps en temps.

2. Ajouter le zeste de lime, le jus de lime, la menthe et la coriandre au mélange de poulet. Servir sur des feuilles de laitue.

*Astuce : Vous aurez besoin d'un couteau bien aiguisé pour préparer la citronnelle. Coupez la tige ligneuse de la base de la tige et les feuilles vertes dures du haut de la plante. Retirez les deux couches extérieures dures. Vous devriez avoir un morceau de citronnelle d'environ 6 pouces de long et de couleur jaune clair. Coupez la tige en deux horizontalement, puis coupez à nouveau chaque moitié en deux. Trancher chaque quart de la tige très finement.

BURGER DE POULET AVEC SAUCE AUX NOIX DE CAJOU DU SICHUAN

DEVOIRS:Temps de cuisson 30 minutes : 5 minutes Temps de cuisson : 14 minutes
Rendement : 4 portions

HUILE DE PIMENT FABRIQUEE PAR CHAUFFAGEL'HUILE D'OLIVE AU PIMENT ROUGE BROYE PEUT EGALEMENT ETRE UTILISEE D'AUTRES MANIERES. UTILISEZ-LE POUR ROTIR DES LEGUMES FRAIS OU MELANGER AVEC DE L'HUILE DE PIMENT AVANT DE GRILLER.

- 2 cuillères à soupe d'huile d'olive
- ¼ cuillère à café de piment rouge broyé
- 2 tasses de noix de cajou crues et grillées (cf maigre)
- ¼ tasse d'huile d'olive
- ½ tasse de courgettes râpées
- ¼ tasse de ciboulette finement hachée
- 2 gousses d'ail hachées
- 2 cuillères à café de zeste de citron finement râpé
- 2 cuillères à café de gingembre frais râpé
- 1 livre de poitrine de poulet ou de poitrine de dinde

SAUCE AUX NOIX DE CAJOU DU SICHUAN

- 1 cuillère à soupe d'huile d'olive
- 2 cuillères à soupe de ciboulette finement hachée
- 1 cuillère à soupe de gingembre frais râpé
- 1 cuillère à café de cinq épices chinoises en poudre
- 1 cuillère à café de jus de citron frais
- 4 feuilles de laitue frisée verte ou beurre

1. Pour l'huile de chili, mélanger l'huile d'olive et les poivrons rouges broyés dans une petite casserole. Faites chauffer 5 minutes à feu doux. Retirer du feu; laisser refroidir.

2. Pour le beurre de noix de cajou, placez les noix de cajou et 1 cuillère à soupe d'huile d'olive dans un mélangeur. Couvrir et mélanger jusqu'à consistance crémeuse, en s'arrêtant pour racler les côtés au besoin, et ajouter de l'huile d'olive supplémentaire, 1 cuillère à soupe à la fois, jusqu'à ce que tout le ¼ de tasse soit utilisé et que le beurre soit très lisse; mettre de côté.

3. Dans un grand bol, mélanger les courgettes, la ciboule, l'ail, le zeste de citron et 2 cuillères à café de gingembre. Ajouter le poulet haché; bien mélanger. Façonner le mélange de poulet en quatre galettes de ½ pouce.

4. Pour un gril à charbon ou à gaz, placez les gâteaux directement sur la grille huilée à feu moyen-vif. Couvrir et faire griller de 14 à 16 minutes ou jusqu'à cuisson complète (165 °F). Retourner une fois à mi-cuisson.

5. Pendant ce temps, pour la sauce, chauffer l'huile d'olive dans une petite poêle à feu moyen-vif. Ajouter la ciboulette et 1 cuillère à soupe de gingembre; cuire à feu moyen-élevé pendant 2 minutes ou jusqu'à ce que l'oignon ramollisse. Ajoutez ½ tasse de beurre de cajou (conservez les restes de beurre de cajou au réfrigérateur jusqu'à 1 semaine), l'huile de piment, le jus de citron et la poudre de cinq épices. Cuire encore 2 minutes. Retirer du feu.

6. Placer les empanadas sur les feuilles de laitue. Arroser de sauce dessus.

WRAP AU POULET TURC

DEVOIRS : 25 minutes Temps de repos : 15 minutes Temps de cuisson : 8 minutes
Rendement : 4 à 6 portions

"BAHARAT" SIGNIFIE SIMPLEMENT "EPICE" EN ARABE. ÉPICE POLYVALENTE DE LA CUISINE DU MOYEN-ORIENT, ELLE EST SOUVENT UTILISEE POUR FROTTER LE POISSON, LA VOLAILLE ET LA VIANDE, OU MELANGEE A DE L'HUILE D'OLIVE ET UTILISEE COMME MARINADE POUR LES LEGUMES. UNE COMBINAISON D'EPICES DOUCES ET CHAUDES COMME LA CANNELLE, LE CUMIN, LA CORIANDRE, LES CLOUS DE GIROFLE ET LE PAPRIKA LE RENDENT PARTICULIEREMENT AROMATIQUE. L'AJOUT DE MENTHE SECHEE EST UNE TOUCHE TURQUE.

- ⅓ tasse d'abricots secs sans soufre, hachés
- ⅓ tasse de figues séchées hachées
- 1 cuillère à soupe d'huile de noix de coco non raffinée
- 1½ livres de poitrines de poulet hachées
- 3 tasses de poireaux hachés (parties blanches et vert clair seulement) (3)
- ⅔ 1 poivron vert et/ou rouge moyen, tranché finement
- 2 cuillères à soupe d'épices Baharat (voir <u>ordonnance</u>, sous)
- 2 gousses d'ail hachées
- 1 tasse de tomates sans pépins, hachées (2 moyennes)
- 1 tasse de concombre sans pépins, haché (½ moyen)
- ½ tasse de pistaches non salées, décortiquées et hachées, grillées (cf <u>maigre</u>)
- ¼ tasse de menthe fraîche hachée
- ¼ tasse de persil frais haché
- 8 à 12 grandes feuilles de laitue pommée ou bibb

1. Placer les abricots et les figues dans un petit bol. Ajouter ⅔ tasse d'eau bouillante; Laisser reposer 15 minutes. Égoutter en réservant ½ tasse de liquide.

2. Pendant ce temps, chauffer l'huile de noix de coco dans une très grande poêle à feu moyen-vif. Ajouter le poulet haché ; Cuire 3 minutes en remuant avec une cuillère en bois pour défaire la viande pendant la cuisson. Ajouter les poireaux, le paprika, les épices baharat et l'ail ; cuire et remuer environ 3 minutes ou jusqu'à ce que le poulet soit bien cuit et que le poivre soit tendre. Ajouter les abricots, les figues, le liquide réservé, les tomates et le concombre. Cuire et remuer environ 2 minutes ou jusqu'à ce que les tomates et les concombres commencent à se décomposer. Ajouter les pistaches, la menthe et le persil.

3. Servir le poulet et les légumes sur des feuilles de laitue.

Épices Baharat : Dans un petit bol, mélanger 2 cuillères à soupe de paprika doux ; 1 cuillère à soupe de poivre noir ; 2 cuillères à café de menthe séchée, finement écrasée ; 2 cuillères à café de cumin moulu ; 2 cuillères à café de coriandre moulue ; 2 cuillères à café de cannelle moulue ; 2 cuillères à café de clous de girofle moulus ; 1 cuillère à café de muscade moulue ; et 1 cuillère à café de cardamome moulue. Conserver dans un récipient hermétiquement fermé à température ambiante. Donne environ ½ tasse.

POULETS ESPAGNOLS DE CORNOUAILLES

DEVOIRS:Cuire 10 minutes : Cuire 30 minutes : 6 minutes Rendement : 2-3 portions

CETTE RECETTE NE POURRAIT PAS ETRE PLUS FACILE« ET LES RESULTATS SONT ABSOLUMENT INCROYABLES. BEAUCOUP DE PAPRIKA FUME, D'AIL ET DE CITRON AJOUTENT BEAUCOUP DE SAVEUR A CES PETITS OISEAUX.

2 poulets de Cornouailles de 1½ livre, décongelés s'ils sont congelés

1 cuillère à soupe d'huile d'olive

6 gousses d'ail, hachées

2 à 3 cuillères à soupe de paprika doux fumé

¼ à ½ cuillère à café de poivre de Cayenne (facultatif)

2 citrons, en quartiers

2 cuillères à soupe de persil frais haché (facultatif)

1. Préchauffer le four à 375°F. Pour écailler les poulets sauvages, utilisez des ciseaux de cuisine ou un couteau bien aiguisé pour couper les deux côtés de la ligne fine. Papillon ouvrir l'oiseau et couper le poulet en deux à travers le sternum. Retirer l'arrière-train en coupant la peau et la chair en séparant les cuisses de la poitrine. Gardez l'aile et la poitrine intactes. Frotter l'huile d'olive sur les morceaux de poulet de Cornouailles. Saupoudrer d'ail haché.

2. Placer les morceaux de poulet, peau vers le haut, dans une très grande poêle allant au four. Saupoudrer de paprika fumé et de piment de Cayenne. Presser les quartiers de citron sur le poulet; Mettez les quartiers de citron dans la poêle. Retourner les morceaux de poulet dans la poêle,

côté peau vers le bas. Couvrir et cuire 30 minutes. Sortez le plat du four.

3. Préchauffez le gril. Retournez les morceaux avec des pinces. Ajustez la grille du four. Griller 4 à 5 pouces hors du feu pendant 6 à 8 minutes jusqu'à ce que la peau soit dorée et que le poulet soit bien cuit (175 °F). Arroser de jus de cuisson dessus. Saupoudrez de persil si vous le souhaitez.

MAGRET DE CANARD A LA GRENADE ET SALADE DE JICAMA

DEVOIRS:15 minutes Cuisson : 15 minutes Rendement : 4 portions

DECOUPEZ UN MOTIF EN LOSANGELE GRAS DU MAGRET DRAINE LE GRAS PENDANT LA CUISSON DU MAGRET ASSAISONNE AU GARAM MASALA. LA GRAISSE EST MELANGEE AVEC DU JICAMA, DES GRAINES DE GRENADE, DU JUS D'ORANGE ET DU BOUILLON DE BŒUF ET LEGEREMENT EFFONDREE AVEC DES LEGUMES ASSAISONNES.

4 poitrines de canard de Barbarie désossées (environ 1½ à 2 livres au total)

1 cuillère à soupe de garam masala

1 cuillère à soupe d'huile de noix de coco non raffinée

2 tasses de jicama, pelé et coupé en dés

½ tasse de graines de grenade

¼ tasse de jus d'orange frais

¼ tasse de bouillon d'os de boeuf (cf<u>ordonnance</u>) ou bouillon de bœuf non salé

3 tasses de cresson, tiges retirées

3 tasses d'endives frisées râpées et/ou finement tranchées

1. À l'aide d'un couteau bien aiguisé, faire des incisions peu profondes en forme de losange à 1 pouce (2,5 cm) d'intervalle dans le gras du magret de canard. Saupoudrer de garam masala des deux côtés des demi-poitrines. Chauffer une très grande poêle à feu moyen-vif. Faire fondre l'huile de coco dans une poêle bien chaude. Placer les demi-poitrines, côté peau vers le bas, dans une casserole. Cuire côté peau pendant 8 minutes en veillant à ne pas colorer trop vite (baisser le feu si nécessaire). Retourner les magrets de canard; cuire 5 à 6 minutes supplémentaires ou jusqu'à ce qu'un thermomètre à

lecture instantanée inséré dans les moitiés de poitrine indique 145 °F pour une cuisson moyenne. Retirer les moitiés de poitrine, conserver le gras dans la poêle; Couvrir de papier d'aluminium pour garder au chaud.

2. Pour la vinaigrette, ajouter le jicama à l'huile de poêle ; cuire et remuer à feu moyen pendant 2 minutes. Ajouter les graines de grenade, le jus d'orange et le bouillon de bœuf dans la poêle. porter à ébullition; retirer immédiatement du feu.

3. Pour la salade, mélanger le cresson et la frisée dans un grand bol. Verser la vinaigrette chaude sur les légumes; jeter à porter.

4. Répartir la salade dans quatre assiettes. Coupez le magret de canard en fines tranches et ajoutez-le aux salades.

DINDE RÔTIE À LA PURÉE DE RACINE D'AIL

DEVOIRS:1 heure de rôtissage : 2 heures 45 minutes de repos : 15 minutes Donne : 12 à 14 portions

CHERCHEZ UNE DINDE QUI AAUCUNE SOLUTION SALINE N'A ÉTÉ INJECTÉE. SI L'ÉTIQUETTE INDIQUE "AMÉLIORÉ" OU "AUTO-INJECTÉ", IL EST PROBABLEMENT PLEIN DE SODIUM ET D'AUTRES ADDITIFS.

- 1 dinde de 12 à 14 livres
- 2 cuillères à soupe d'épices méditerranéennes (cf<u>ordonnance</u>)
- ¼ tasse d'huile d'olive
- 3 livres de carottes moyennes, pelées, parées et coupées en deux ou en quatre sur la longueur
- 1 recette de pâte de racine d'ail (cf<u>ordonnance</u>, sous)

1. Préchauffer le four à 425°F. Retirer le cou et les abats de la dinde; Commandez pour d'autres utilisations si vous le souhaitez. Décollez délicatement la peau au bord de la poitrine. Glissez vos doigts sous la peau pour créer une poche sur le haut de la poitrine et sur le haut du bas des jambes. Versez 1 cuillère à soupe d'épices méditerranéennes sous la peau; Utilisez vos doigts pour l'étaler uniformément sur votre poitrine et votre abdomen. Tirez la peau du cou vers l'arrière; attacher avec des brochettes. Rentrez les extrémités des baguettes sous la lanière de cuir le long de la queue. Si une bande de peau n'est pas disponible, attachez fermement les joues du tambour à la queue avec de la ficelle de cuisine 100% coton. Rentrez les bouts d'ailes sous votre dos.

2. Placer les poitrines de dinde, côté vers le haut, sur une grille dans une très grande poêle peu profonde. Badigeonner la dinde avec 2 cuillères à soupe d'huile. Saupoudrer la dinde avec les épices méditerranéennes restantes. Insérez un thermomètre à viande pour four au centre du muscle interne de la cuisse; le thermomètre ne doit pas toucher l'os. Couvrir lâchement la dinde de papier d'aluminium.

3. Griller pendant 30 minutes. Réduire la température du four à 325 ° F. Rôtir 1 ½ heures. Dans un très grand bol, combiner les carottes et les 2 cuillères à soupe d'huile restantes; jeter à porter. Étaler les carottes sur une grande plaque à pâtisserie. Retirez le papier d'aluminium de la dinde et coupez une bande de peau ou de ficelle entre les cuisses. Rôtir les carottes et la dinde de 45 minutes à 1¼ heures de plus, ou jusqu'à ce qu'un thermomètre indique 175°F.

4. Retirer la dinde du four. Couverture; Laisser reposer 15 à 20 minutes avant de trancher. Servir la dinde avec des carottes et des racines d'ail écrasées.

Purée de racine d'ail : coupez et épluchez 3 à 3½ livres de navets et 1½ à 2 livres de céleri-rave ; couper en morceaux de 2 pouces. Dans une casserole de 6 pintes, cuire les navets et le céleri-rave dans suffisamment d'eau bouillante pour couvrir, 25 à 30 minutes ou jusqu'à ce qu'ils soient très tendres. Pendant ce temps, dans une petite casserole, mélangez 3 cuillères à soupe d'huile extra vierge avec 6 à 8 gousses d'ail hachées. Laisser mijoter de 5 à 10 minutes ou jusqu'à ce que l'ail soit très parfumé mais pas brun. Ajouter délicatement ¾ tasse de bouillon d'os de poulet (voir<u>ordonnance</u>) ou bouillon de poulet sans sel ajouté. porter à ébullition; Retirer du feu. Égoutter les légumes et les remettre dans la marmite. Écrasez les légumes avec un pilon à pommes de terre ou battez-les au batteur électrique à feu doux. Ajouter ½ cuillère à café de poivre noir. Réduire graduellement en purée ou incorporer le bouillon jusqu'à ce que les légumes soient combinés et presque lisses. Ajouter ¼ tasse de bouillon d'os de poulet supplémentaire pour obtenir la consistance désirée, si nécessaire.

POITRINE DE DINDE FARCIE SAUCE PESTO ET ROQUETTE

DEVOIRS:Rôti 30 minutes : 1 heure 30 minutes Repos : 20 minutes Rendement : 6 portions

C'EST POUR LES AMATEURS DE VIANDE BLANCHE.LÀ-BAS, POITRINE DE DINDE CROUSTILLANTE FARCIE DE TOMATES SÉCHÉES AU SOLEIL, DE BASILIC ET D'ÉPICES MÉDITERRANÉENNES. LES RESTES FONT UN EXCELLENT DÉJEUNER.

- 1 tasse de tomates séchées au soleil sans soufre (non emballées dans l'huile)
- 1 demi-poitrine de dinde désossée de 4 livres avec peau
- 3 cuillères à café d'épices méditerranéennes (cf<u>ordonnance</u>)
- 1 tasse de feuilles de basilic frais enveloppées lâchement
- 1 cuillère à soupe d'huile d'olive
- 8 onces de bébé roquette
- 3 grosses tomates, coupées en deux et tranchées
- ¼ tasse d'huile d'olive
- 2 cuillères à soupe de vinaigre de vin rouge
- Poivre noir
- 1½ tasse de pesto au basilic (voir<u>ordonnance</u>)

1. Préchauffer le four à 375°F. Dans un petit bol, versez suffisamment d'eau bouillante sur les tomates séchées au soleil pour les recouvrir. Laisser agir 5 minutes ; rincer et hacher finement.

2. Placer les poitrines de dinde, côté peau vers le bas, sur un grand morceau de film alimentaire. Placer un autre morceau de pellicule plastique sur la dinde. À l'aide du plat d'un maillet à viande, martelez doucement la poitrine jusqu'à ce qu'elle soit uniformément répartie et d'environ

¾ de pouce d'épaisseur. Jetez le film plastique. Saupoudrer 1½ cuillères à café d'assaisonnement méditerranéen sur la viande. Garnir de tomates et de feuilles de basilic. Rouler délicatement la poitrine de dinde en libérant la peau. Utilisez de la ficelle de cuisine 100 % coton pour attacher le steak à quatre à six endroits pour le fixer. Badigeonner avec 1 cuillère à soupe d'huile d'olive. Saupoudrer le steak avec les 1½ cuillères à café restantes d'assaisonnement méditerranéen.

3. Placer le rôti côté peau vers le haut sur une grille dans un plat peu profond. Griller à découvert pendant 1h30 ou jusqu'à ce qu'un thermomètre à lecture instantanée indique 165°F près du centre et que la peau soit dorée et croustillante. Sortez la dinde du four. Couvrir lâchement de papier d'aluminium; laisser reposer 20 minutes avant de trancher.

4. Pour la salade de roquette, dans un grand bol, mélanger la roquette, les tomates, ¼ tasse d'huile d'olive, le vinaigre et le poivre au goût. Retirez les fils du steak. Trancher finement la dinde. Servir avec une salade de roquette et un pesto de basilic.

POITRINE DE DINDE ASSAISONNÉE AVEC SAUCE BBQ AUX CERISES

DEVOIRS:15 minutes de rôtissage : 1 heure 15 minutes de repos : 45 minutes Donne : 6 à 8 portions

C'EST UNE BONNE RECETTESERVEZ UNE FOULE À UN GRIL D'ARRIÈRE-COUR LORSQUE VOUS VOULEZ CUISINER PLUS QUE DES HAMBURGERS. ACCOMPAGNER D'UNE SALADE CROQUANTE, COMME UNE SALADE DE BROCOLIS CROQUANTS (CF<u>ORDONNANCE</u>) OU SALADE DE CHOUX DE BRUXELLES RÂPÉS (CF<u>ORDONNANCE</u>).

- 1 poitrine de dinde entière avec os de 4 à 5 livres
- 3 cuillères à soupe d'épices fumées (cf<u>ordonnance</u>)
- 2 cuillères à soupe de jus de citron frais
- 3 cuillères à soupe d'huile d'olive
- 1 tasse de vin blanc sec, comme du sauvignon blanc
- 1 tasse de cerises Bing fraîches ou surgelées non sucrées, dénoyautées et hachées
- ⅓ tasse d'eau
- 1 tasse de sauce BBQ (cf<u>ordonnance</u>)

1. Laisser reposer la poitrine de dinde à température ambiante pendant 30 minutes. Préchauffer le four à 325°F. Placer la poitrine de dinde côté peau sur une grille dans une rôtissoire.

2. Dans un petit bol, mélanger les épices fumées, le jus de citron et l'huile d'olive en une pâte. retirer la peau de la viande; Étalez délicatement la moitié de la pâte sur la viande sous la peau. Étalez le reste uniformément sur la peau. Verser le vin dans le bas du four.

3. Rôtir 1¼ à 1½ heure ou jusqu'à ce que la peau soit dorée et qu'un thermomètre à lecture instantanée au centre du rôti (sans toucher l'os) indique 170°F tout en faisant tourner la poêle à mi-cuisson. Laisser reposer 15 à 30 minutes avant de trancher.

4. Pendant ce temps, pour la sauce BBQ aux cerises, combiner les cerises et l'eau dans une casserole moyenne. porter à ébullition; réduire la fièvre. Laisser mijoter à découvert pendant 5 minutes. incorporer la sauce barbecue; Laisser mijoter 5 minutes. Servir chaud ou à température ambiante avec la dinde.

FILET DE DINDE AU PAIN AU VIN

DEVOIRS : 30 minutes Cuisson : 35 minutes Rendement : 4 portions

CUIRE LA DINDE À LA POÊLE EXCELLENTE SAVEUR DANS UN MÉLANGE DE VIN, DE TOMATES ROMA HACHÉES, DE BOUILLON DE POULET, D'HERBES FRAÎCHES ET DE POIVRON ROUGE BROYÉ. SERVEZ CE PLAT SEMBLABLE À UN RAGOÛT DANS DES BOLS PEU PROFONDS AVEC DE GRANDES CUILLÈRES POUR OBTENIR UN PEU DE BOUILLON SAVOUREUX À CHAQUE BOUCHÉE.

- 2 poitrines de dinde de 8 à 12 onces, coupées en morceaux de 1 pouce
- 2 cuillères à soupe sans sel pour assaisonner la volaille
- 2 cuillères à soupe d'huile d'olive
- 6 gousses d'ail hachées (1 cuillère à soupe)
- 1 tasse d'oignon haché
- ½ tasse de céleri haché
- 6 tomates Roma, épépinées et hachées (environ 3 tasses)
- ½ tasse de vin blanc sec, comme du sauvignon blanc
- ½ tasse de bouillon d'os de poulet (cf ordonnance) ou bouillon de poulet non salé
- ½ cuillère à café de romarin frais finement haché
- ¼ à ½ cuillère à café de piment rouge broyé
- ½ tasse de feuilles de basilic frais, hachées
- ½ tasse de persil frais haché

1. Dans un grand bol, mélanger les morceaux de dinde avec l'assaisonnement au poulet pour les enrober. Chauffer 1 cuillère à soupe d'huile d'olive dans une très grande poêle antiadhésive à feu moyen-vif. Saisir la dinde par lots dans l'huile chaude jusqu'à ce qu'elle soit dorée de tous les côtés. (La dinde n'a pas besoin d'être bien cuite.) Transférer dans une assiette et garder au chaud.

2. Ajouter la cuillère à soupe d'huile d'olive restante dans la poêle. Augmenter le feu à moyen-vif. ajouter l'ail; Cuire et remuer pendant 1 minute. ajouter les oignons et le céleri; Cuire et remuer pendant 5 minutes. Ajouter les jus de dinde et de gras, les tomates, le vin, le bouillon d'os de poulet, le romarin et les piments rouges broyés. Réduire le feu à moyen-doux. Couvrir et cuire 20 minutes en remuant de temps en temps. Ajouter le basilic et le persil. Découvrir et cuire 5 minutes supplémentaires ou jusqu'à ce que la dinde ne soit plus rose.

POITRINE DE DINDE RÔTIE SAUCE CIBOULETTE ET CREVETTES

DEVOIRS:30 minutes Cuisson : 15 minutes Rendement : 4 portions**LÂCHE**

COUPEZ LA POITRINE DE DINDE EN DEUXHORIZONTALEMENT AUSSI UNIFORMÉMENT QUE POSSIBLE, APPUYEZ LÉGÈREMENT AVEC LA PAUME DE LA MAIN ET APPLIQUEZ UNE PRESSION UNIFORME TOUT EN COUPANT LA VIANDE.

- ¼ tasse d'huile d'olive
- 2 poitrines de dinde de 8 à 12 onces, coupées en deux horizontalement
- ¼ cuillère à café de poivre noir fraîchement moulu
- 3 cuillères à soupe d'huile d'olive
- 4 gousses d'ail, hachées
- 8 onces de crevettes moyennes, décortiquées et déveinées, queues enlevées, coupées en deux dans le sens de la longueur
- ¼ tasse de vin blanc sec, bouillon d'os de poulet (cf_ordonnance_) ou bouillon de poulet non salé
- 2 cuillères à soupe de ciboulette fraîche, coupée en lanières
- ½ cuillère à café de zeste de citron finement râpé
- 1 cuillère à soupe de jus de citron frais
- Nouilles au potiron et tomates (cf_ordonnance_, ci-dessous) (facultatif)

1. Faites chauffer 1 cuillère à soupe d'huile d'olive dans une grande poêle à feu moyen-vif. Mettre la dinde dans la poêle; saupoudrer de poivre. Réduire le feu à moyen. Cuire de 12 à 15 minutes ou jusqu'à ce qu'il ne soit plus rose et que le jus soit clair (165 °F). Retourner une fois à mi-cuisson. Retirer le filet de dinde de la poêle. Couvrir de papier d'aluminium pour garder au chaud.

2. Pour la sauce, dans la même poêle, chauffer 3 cuillères à soupe d'huile à feu moyen-vif. ajouter l'ail; Faire bouillir

30 secondes. ajouter les crevettes; Cuire et remuer pendant 1 minute. Ajouter le vin, la ciboule et le zeste de citron; cuire et remuer 1 minute de plus ou jusqu'à ce que les crevettes soient opaques. Retirer du feu; Ajouter le jus de citron. Verser la sauce sur les filets de dinde pour servir. Servir avec des nouilles à la citrouille et des tomates, si vous le souhaitez.

Pâtes à la citrouille et aux tomates : à l'aide d'une mandoline ou d'un épluche-julienne, coupez 2 courgettes jaunes en julienne. Dans une grande poêle, chauffer 1 cuillère à soupe d'huile d'olive extra vierge à feu moyen-vif. ajouter des lanières de citrouille; Faire bouillir 2 minutes. Ajouter 1 tasse de tomates raisins en quartiers et ¼ de cuillère à café de poivre noir fraîchement moulu; Cuire encore 2 minutes ou jusqu'à ce que la courge soit croustillante.

DINDE RÔTIE AUX LÉGUMES RACINES

DEVOIRS:30 minutes Cuisson : 1 heure 45 minutes Rendement : 4 portions

C'EST L'UN DE CES PLATS.QUE VOUS VOULEZ FAIRE UN APRÈS-MIDI D'AUTOMNE FROID LORSQUE VOUS AVEZ LE TEMPS D'ALLER VOUS PROMENER PENDANT QU'IL MIJOTE DANS LE FOUR. SI L'EXERCICE NE VOUS OUVRE PAS VRAIMENT L'APPÉTIT, L'ODEUR MERVEILLEUSE DE VOTRE RETOUR À LA MAISON FERA CERTAINEMENT L'AFFAIRE.

- 3 cuillères à soupe d'huile d'olive
- 4 cuisses de dinde, 20 à 24 oz
- ½ cuillère à café de poivre noir fraîchement moulu
- 6 gousses d'ail, pelées et hachées
- 1½ cuillère à café de graines de fenouil moulues
- 1 cuillère à café d'herbe entière, écrasée*
- 1½ tasse de bouillon d'os de poulet (cf ordonnance) ou bouillon de poulet non salé
- 2 brins de romarin frais
- 2 brins de thym frais
- 1 feuille de laurier
- 2 gros oignons, pelés et coupés en 8 quartiers chacun
- 6 grosses carottes, pelées et coupées en tranches de 1 pouce
- 2 grosses betteraves, pelées et coupées en cubes de 1 pouce
- 2 panais moyens, pelés et coupés en tranches de 1 po (2,5 cm)**
- 1 céleri-rave, pelé et coupé en morceaux de 1 pouce

1. Préchauffer le four à 350°F. Dans une grande poêle, chauffer l'huile d'olive à feu moyen-élevé jusqu'à ce qu'elle frémisse. Ajouter 2 cuisses de dinde. Cuire au four environ 8 minutes, ou jusqu'à ce que les pilons soient dorés et croustillants de tous les côtés et recommencent à dorer uniformément. Placer les pilons de dinde dans une

assiette; Répéter avec les 2 cuisses de dinde restantes. Mettre de côté.

2. Ajouter le poivre, l'ail, les graines de fenouil et les herbes dans la poêle. Cuire et remuer à feu moyen-élevé pendant 1 à 2 minutes ou jusqu'à ce qu'il soit parfumé. Ajouter le bouillon d'os de poulet, le romarin, le thym et la feuille de laurier. Porter à ébullition et remuer pour gratter les morceaux bruns du fond de la casserole. Retirer la casserole du feu et réserver.

3. Dans un grand faitout avec un couvercle hermétique, mélanger les oignons, les carottes, les navets, les panais et le céleri-rave. ajouter le liquide de la poêle; jeter à porter. Presser les cuisses de dinde dans le mélange de légumes. Fermé par un couvercle.

4. Cuire environ 1 h 45 ou jusqu'à ce que les légumes soient tendres et que la dinde soit bien cuite. Servir la dinde et les légumes dans de grands bols peu profonds. Arroser de jus de cuisson dessus.

*Astuce : Pour hacher le piment de la Jamaïque et les graines de fenouil, placez les graines sur une planche à découper. Appuyez avec le côté plat d'un couteau de chef pour écraser légèrement les graines.

**Astuce : coupez les gros morceaux du haut des panais en dés.

PAIN DE VIANDE DE DINDE AUX HERBES, SAUCE AUX OIGNONS CARAMÉLISÉS ET BATEAUX DE CHOUX RÔTIS

DEVOIRS:Faire bouillir 15 minutes : Cuire 30 minutes : 1 heure 10 minutes Repos : 5 minutes Rendement : 4 portions

LE PAIN DE VIANDE CLASSIQUE AU KETCHUP EST EN EFFETSUR LE MENU PALÉO SI KETCHUP (VOIRORDONNANCE) EST EXEMPT DE SEL ET DE SUCRE AJOUTÉ. ICI, LA SAUCE TOMATE EST MÉLANGÉE À DES OIGNONS CARAMÉLISÉS QUI SONT EMPILÉS SUR LE DESSUS DU PAIN DE VIANDE AVANT LA CUISSON.

1½ livre de dinde hachée

2 oeufs, légèrement battus

½ tasse de farine d'amande

⅓ tasse de persil frais haché

¼ tasse d'oignon rouge finement tranché (2)

1 cuillère à soupe de sauge fraîche râpée ou 1 cuillère à café de sauge séchée broyée

1 cuillère à soupe de thym frais râpé ou 1 cuillère à café de thym séché, écrasé

¼ cuillère à café de poivre noir

2 cuillères à soupe d'huile d'olive

2 oignons doux, coupés en deux et tranchés finement

1 tasse de ketchup paléo (cfordonnance)

1 petite tête de chou, coupée en deux, épépinée et coupée en 8 quartiers

½ à 1 cuillère à café de piment rouge broyé

1. Préchauffer le four à 350°F. Tapisser une grande casserole de papier parchemin; mettre de côté. Dans un grand bol, mélanger la dinde hachée, l'œuf, la farine d'amande, le persil, la ciboulette, la sauge, le thym et le poivre noir. Sur

la plaque à pâtisserie préparée, façonner le mélange de dinde dans un moule de 8 × 4 pouces. Cuire 30 minutes.

2. Pendant ce temps, pour la sauce tomate caramélisée, chauffer 1 cuillère à soupe d'huile d'olive dans une grande poêle à feu moyen-vif. ajouter les oignons; Cuire environ 5 minutes ou jusqu'à ce que l'oignon commence à dorer, en remuant fréquemment. Réduire le feu à moyen-doux; Cuire environ 25 minutes ou jusqu'à ce qu'ils soient dorés et très tendres, en remuant de temps à autre. Retirer du feu; ajouter le ketchup paléo.

3. Versez un peu de sauce tomate caramélisée sur le pain de dinde. Déposer les tranches de chou autour du pain. Mélanger le chou avec la cuillère à soupe restante d'huile d'olive; saupoudrer de piment rouge broyé. Cuire au four environ 40 minutes, ou jusqu'à ce qu'un thermomètre à lecture instantanée inséré au centre du bâtonnet indique 165°F, arroser avec l'oignon caramélisé et la sauce tomate, en retournant les tranches de chou après 20 minutes. Laisser reposer la galette de dinde pendant 5 à 10 minutes avant de la trancher.

4. Servir la galette de dinde avec les tranches de chou restantes et la sauce tomate caramélisée.

TURQUIE POSOLE

DEVOIRS : 20 minutes de rôtissage : 8 minutes de cuisson : 16 minutes pour : 4 portions

LES INGRÉDIENTS DE CETTE SOUPE ÉPICÉE À LA MEXICAINECE SONT PLUS QUE DES PLATS D'ACCOMPAGNEMENT. LA CORIANDRE AJOUTE UNE SAVEUR DISTINCTIVE, L'AVOCAT AJOUTE DE L'ONCTUOSITÉ ET LES GRAINES DE CITROUILLE RÔTIES AJOUTENT UN DÉLICIEUX CROQUANT.

8 tomates fraîches
1¼ à 1½ livres de dinde hachée
1 poivron rouge, épépiné et coupé en fines lanières
½ tasse d'oignon haché (1 moyen)
6 gousses d'ail hachées (1 cuillère à soupe)
1 cuillère à soupe d'assaisonnement mexicain (voir ordonnance)
2 tasses de bouillon d'os de poulet (cf ordonnance) ou bouillon de poulet non salé
1 boîte de 14,5 onces de tomates rôties au feu non salées, non égouttées
1 piment jalapeño ou serrano, épépiné et haché (cf maigre)
1 avocat moyen, coupé en deux, pelé, épépiné et tranché finement
¼ tasse de graines de citrouille non salées, grillées (cf maigre)
¼ tasse de coriandre fraîche, hachée
Tranches de citrons

1. Préchauffez le gril. Pelez et jetez les tomates. Lavez et coupez les tomates en deux. Placer les moitiés de tomatilles sur une grille non chauffée dans une rôtissoire. Griller 4 à 5 pouces hors feu pendant 8 à 10 minutes ou jusqu'à ce qu'ils soient légèrement carbonisés, en retournant une fois à mi-cuisson. Laisser refroidir légèrement dans le moule sur une grille.

2. Entre-temps, dans une grande poêle, cuire la dinde, les poivrons et l'oignon à feu moyen-élevé pendant 5 à 10

minutes, ou jusqu'à ce que la dinde soit dorée et que les légumes soient tendres, en remuant avec une cuillère en bois pour défaire la viande au fur et à mesure. ça cuit. Si nécessaire, égouttez la graisse. Ajouter l'ail et l'assaisonnement mexicain. Cuire et remuer pendant 1 minute de plus.

3. Mélanger environ les deux tiers des tomates carbonisées dans un mélangeur et 1 tasse de bouillon d'os de poulet. Couvrir et remuer jusqu'à consistance lisse. Ajouter le mélange de dinde dans la poêle. Ajouter 1 tasse de bouillon d'os de poulet, les tomates non égouttées et le piment. Hacher grossièrement les tomates restantes; ajouter au mélange de dinde. porter à ébullition; réduire la fièvre. Couvrir et cuire à feu doux pendant 10 minutes.

4. Pour servir, versez la soupe dans des bols peu profonds. Garnir d'avocat, de poivrons et de coriandre. Déposez les tranches de citron vert sur la soupe pour les presser.

BOUILLON D'OS DE POULET

DEVOIRS:Rôtir 15 minutes : Faire bouillir 30 minutes : 4 heures Réfrigérer : toute la nuit
Donne : environ 10 tasses

POUR LE MEILLEUR GOÛT, LE PLUS FRAIS ET LE PLUS ÉLEVÉTENEUR EN ÉLÉMENTS NUTRITIFS : UTILISEZ DU BOUILLON DE POULET FAIT MAISON DANS VOS RECETTES. (IL NE CONTIENT PAS NON PLUS DE SEL, DE CONSERVATEURS OU D'ADDITIFS). RÔTIR LES OS AVANT LA CUISSON AMÉLIORE LA SAVEUR. LORS DE LA CUISSON LENTE DANS UN LIQUIDE, LES OS ENRICHISSENT LE BOUILLON DE MINÉRAUX TELS QUE LE CALCIUM, LE PHOSPHORE, LE MAGNÉSIUM ET LE POTASSIUM. LA VARIANTE DE MIJOTEUSE SUIVANTE LE REND PARTICULIÈREMENT FACILE. CONGELEZ-LE DANS DES RÉCIPIENTS DE 2 ET 4 TASSES ET NE DÉCONGELEZ QUE CE DONT VOUS AVEZ BESOIN.

- 2 livres d'ailes et de filets de poulet
- 4 carottes, hachées
- 2 gros poireaux, parties blanche et vert pâle seulement, tranchés finement
- 2 branches de céleri avec feuilles, hachées grossièrement
- 1 panais, haché grossièrement
- 6 gros brins de persil italien (plat)
- 6 brins de thym frais
- 4 gousses d'ail, coupées en deux
- 2 cuillères à café de grains de poivre noir entiers
- 2 clous de girofle entiers
- Eau froide

1. Préchauffer le four à 425°F. Placer les ailes de poulet et le filet sur une grande plaque à pâtisserie; Griller de 30 à 35 minutes ou jusqu'à ce qu'ils soient bien dorés.

2. Transférer les morceaux de poulet dorés et tous les morceaux dorés accumulés sur la plaque à pâtisserie dans une grande casserole. Ajouter les carottes, les poireaux, le céleri, les panais, le persil, le thym, l'ail, les grains de poivre et les clous de girofle. Dans une grande casserole, ajouter suffisamment d'eau froide (environ 12 tasses) pour recouvrir le poulet et les légumes. Porter à ébullition à feu moyen; Ajustez la chaleur pour que le bouillon mijote très lentement et que les bulles remontent à la surface. Couvrir et cuire à feu doux pendant 4 heures.

3. Filtrer le bouillon chaud à travers une grande passoire tapissée de deux couches d'étamine 100 % coton humide. Jeter les solides. Couvrir le bouillon et réfrigérer toute la nuit. Avant utilisation, retirez la couche de graisse du dessus du bouillon et jetez-la.

Astuce : Pour clarifier le bouillon (facultatif), mélanger 1 blanc d'œuf, 1 coquille d'œuf écrasée et ¼ tasse d'eau froide dans un petit bol. Incorporer le mélange au bouillon filtré dans une casserole. Porter à nouveau à ébullition. Retirer du feu; Laisser reposer 5 minutes. Filtrer le bouillon chaud à travers un tamis tapissé d'une double couche fraîche d'étamine 100 % coton. Refroidir et dégraisser avant utilisation.

Instructions pour la mijoteuse : Préparez les ingrédients selon les instructions sauf pour l'étape 2 et placez les ingrédients dans une mijoteuse de 5 à 6 litres. Couvrir et cuire à feu doux pendant 12 à 14 heures. Procédez comme décrit à l'étape 3. Donne environ 10 tasses.

SAUMON HARISSA VERT

DEVOIRS:Cuisson 25 minutes : 10 minutes Grill : 8 minutes Rendement : 4 portions LÂCHE

UN ÉPLUCHEUR DE LÉGUMES ORDINAIRE EST UTILISÉ. POUR COUPER LES ASPERGES FRAÎCHES CRUES EN FINES LAMELLES POUR LES SALADES. LE TOUT ARROSÉ D'UNE LÉGÈRE VINAIGRETTE AUX AGRUMES (CF<u>ORDONNANCE</u>) ET GARNI DE GRAINES DE TOURNESOL GRILLÉES ET FUMÉES, IL ACCOMPAGNE RAFRAÎCHISSANT LE SAUMON ET UNE SAUCE AUX HERBES VERTES ACIDULÉE.

SAUMON
- 4 filets de saumon frais ou congelés sans peau, 6 à 8 onces, environ 1 pouce d'épaisseur
- huile d'olive

HARISSA
- 1½ cuillère à café de cumin
- 1½ cuillère à café de graines de coriandre
- 1 tasse de feuilles de persil frais bien tassées
- 1 tasse de coriandre fraîche hachée grossièrement (feuilles et tiges)
- 2 jalapeños, épépinés et hachés grossièrement (cf<u>maigre</u>)
- 1 oignon de printemps, haché
- 2 gousses d'ail
- 1 cuillère à café de zeste de citron finement râpé
- 2 cuillères à soupe de jus de citron frais
- ⅓ tasse d'huile d'olive

GRAINES DE TOURNESOL ASSAISONNÉES
- ⅓ tasse de graines de tournesol crues
- 1 cuillère à café d'huile d'olive
- 1 cuillère à café d'épices à encens (cf<u>ordonnance</u>)

SALADE

12 grosses pointes d'asperges, parées (environ 1 livre)

⅓ tasse de vinaigrette légère aux agrumes (cf<u>ordonnance</u>)

1. Décongelez le poisson s'il est congelé; sécher avec une serviette en papier. Badigeonner légèrement les deux côtés du poisson avec de l'huile d'olive. Mettre de côté.

2. Pour la harissa, faire griller les graines de cumin et de coriandre dans une petite poêle à feu moyen-élevé pendant 3 à 4 minutes, ou jusqu'à ce qu'elles soient légèrement grillées et parfumées. Dans un robot culinaire, mélanger les graines de cumin et de coriandre grillées, le persil, la coriandre, les jalapeños, les oignons nouveaux, l'ail, le zeste de citron, le jus de citron et l'huile d'olive. Travaillez en douceur. Mettre de côté.

3. Pour les graines de tournesol épicées, préchauffer le four à 300°F. Tapisser une plaque à pâtisserie de papier sulfurisé; mettre de côté. Mélanger les graines de tournesol et 1 cuillère à café d'huile d'olive dans un petit bol. Saupoudrer les épices fumantes sur les graines; jeter à porter. Répartir uniformément les graines de tournesol sur le papier cuisson. Cuire au four environ 10 minutes ou jusqu'à ce qu'ils soient légèrement grillés.

4. Pour un gril à charbon de bois ou un gril à gaz, placez le saumon directement sur une grille de cuisson graissée à feu moyen-vif. Couvrir et faire griller de 8 à 12 minutes, ou jusqu'à ce que le poisson commence à s'écailler lorsqu'il est testé avec une fourchette, en le retournant une fois à mi-chemin du gril.

5. Pendant ce temps, utilisez un épluche-légumes pour couper les asperges en longues lanières fines pour la salade. Placer dans un bol moyen ou une assiette. (Les pointes se détacheront au fur et à mesure que les tiges s'amincissent, transférez-les dans une assiette ou un bol.) Versez la vinaigrette légère aux agrumes sur les tiges rasées. Saupoudrer de graines de tournesol assaisonnées.

6. Pour servir, placez un filet sur chacune des quatre assiettes; une cuillerée d'harissa verte par filet. Servir avec une salade d'asperges râpées.

SAUMON GRILLÉ AVEC SALADE D'ARTICHAUTS MARINÉS

DEVOIRS:Griller pendant 20 minutes : 12 minutes donne : 4 portions

SOUVENT LES MEILLEURS OUTILS POUR LA PRÉPARATION DES SALADESIL EST PRÉFÉRABLE DE TRAVAILLER LES LÉGUMES ET LES ARTICHAUTS GRILLÉS UNIFORMÉMENT DANS CETTE SALADE AVEC DES MAINS PROPRES.

4 filets de saumon frais ou congelés de 6 onces

1 paquet de 9 onces de cœurs d'artichauts surgelés, décongelés et égouttés

5 cuillères à soupe d'huile d'olive

2 cuillères à soupe d'échalotes hachées

1 cuillère à soupe de zeste de citron finement râpé

¼ tasse de jus de citron frais

3 cuillères à soupe d'origan frais, coupé en lanières

½ cuillère à café de poivre noir fraîchement moulu

1 cuillère à soupe d'épices méditerranéennes (cfordonnance)

1 paquet de 5 onces de laitue mixte

1. Décongelez le poisson lorsqu'il est congelé. rincer le poisson; sécher avec une serviette en papier. Réserver le poisson.

2. Dans un bol moyen, mélanger les artichauts avec 2 cuillères à soupe d'huile d'olive; mettre de côté. Dans un grand bol, mélanger 2 cuillères à soupe d'huile d'olive, les échalotes, le zeste de citron, le jus de citron et l'origan; mettre de côté.

3. Pour un gril au charbon de bois ou au gaz, placez les cœurs d'artichauts dans un panier à gril et faites cuire directement à feu moyen-élevé. Couvrir et griller de 6 à 8

minutes ou jusqu'à ce qu'ils soient bien carbonisés et réchauffés, en remuant fréquemment. Retirer les artichauts du gril. Laisser refroidir 5 minutes, puis ajouter les artichauts au mélange d'échalotes. Poivre; jeter à porter. Mettre de côté.

4. Badigeonnez le saumon avec la cuillère à soupe d'huile d'olive restante; Saupoudrer d'épices méditerranéennes. Placer le saumon, côté assaisonné vers le bas, directement sur le gril à feu moyen-vif. Couvrir et griller de 6 à 8 minutes ou jusqu'à ce que le poisson commence à s'écailler lorsqu'il est testé avec une fourchette, en le retournant doucement une fois à mi-cuisson.

5. Mettez la salade aux artichauts marinés dans le bol; Agiter doucement pour enrober. Servir la salade avec du saumon grillé.

SAUMON À LA SAUGE ET AU PIMENT RÔTI INSTANT POT AVEC SALSA AUX TOMATES VERTES

DEVOIRS : 35 minutes froid : 2 à 4 heures Rôti : 10 minutes Donne : 4 portions

LA "TORRÉFACTION ÉCLAIR" FAIT RÉFÉRENCE À LA TECHNIQUEFAITES CHAUFFER UNE POÊLE SÈCHE AU FOUR À FEU VIF, AJOUTEZ UN PEU D'HUILE ET LE POISSON, LE POULET OU LA VIANDE (C'EST GRÉSILLANT !) PUIS TERMINEZ LE PLAT AU FOUR. LA FRITURE RACCOURCIT LE TEMPS DE CUISSON ET CRÉE UNE CROÛTE MERVEILLEUSEMENT CROUSTILLANTE À L'EXTÉRIEUR ET UN INTÉRIEUR JUTEUX ET SAVOUREUX.

SAUMON
- 4 filets de saumon frais ou congelés, 5 à 6 onces
- 3 cuillères à soupe d'huile d'olive
- ¼ tasse d'oignon finement haché
- 2 gousses d'ail, pelées et tranchées
- 1 cuillère à soupe de coriandre moulue
- 1 cuillère à café de cumin moulu
- 2 cuillères à café de paprika doux
- 1 cuillère à café d'origan séché, broyé
- ¼ cuillère à café de poivre de Cayenne
- ⅓ tasse de jus de citron vert frais
- 1 cuillère à soupe de sauge fraîche coupée en lanières

KETCHUP VERT
- 1½ tasse de tomates vertes fermes coupées en dés
- ⅓ tasse d'oignon rouge finement haché
- 2 cuillères à soupe de coriandre fraîche, coupée en lanières
- 1 jalapeño, épépiné et haché (cf_maigre_)

1 gousse d'ail hachée

½ cuillère à café de cumin moulu

¼ cuillère à café de piment en poudre

2 à 3 cuillères à soupe de jus de citron frais

1. Décongelez le poisson lorsqu'il est congelé. rincer le poisson; sécher avec une serviette en papier. Réserver le poisson.

2. Pour la purée de Chili Salvíma, mélanger 1 cuillère à soupe d'huile d'olive, l'oignon et l'ail dans une petite casserole. Laisser mijoter à feu doux pendant 1 à 2 minutes ou jusqu'à ce qu'il soit parfumé. ajouter la coriandre et le cumin; Cuire et remuer pendant 1 minute. Ajouter le paprika, l'origan et le poivre de Cayenne; Cuire et remuer pendant 1 minute. ajouter le jus de citron et la sauge; cuire, en remuant, environ 3 minutes ou jusqu'à ce qu'une pâte lisse se forme; froid.

3. À l'aide de vos doigts, badigeonnez les deux côtés des filets de pâte de sauge pimentée. Placez le poisson dans un bocal ou un bol qui ne répond pas; bien couvrir d'une pellicule plastique. Réfrigérer pendant 2 à 4 heures.

4. Pendant ce temps, pour la sauce, mélanger les tomates, l'oignon, la coriandre, le jalapeño, l'ail, le cumin et la poudre de chili dans un bol moyen. Bien mélanger pour combiner. Arroser de jus de citron; jeter à porter.

4. À l'aide d'une spatule en caoutchouc, grattez autant de pâte que possible sur le saumon. Jeter la pâte.

5. Placez une très grande poêle en fonte dans le four. Préchauffer le four à 500°F. Préchauffer le four avec une plancha.

6. Retirez la poêle chaude du four. Ajouter 1 cuillère à soupe d'huile d'olive dans la poêle. Inclinez la poêle pour couvrir le fond de la poêle avec de l'huile. Déposer les filets dans la poêle, côté peau vers le bas. Badigeonner le dessus des filets avec la cuillère à soupe d'huile d'olive restante.

7. Faites griller le saumon pendant environ 10 minutes ou jusqu'à ce que le poisson commence à s'écailler lorsqu'il est testé avec une fourchette. Servir le poisson avec la sauce.

SAUMON RÔTI ET ASPERGES EN PAPILLOTE AU PESTO CITRON NOISETTE

DEVOIRS : 20 minutes Rôtissage : 17 minutes Rendement : 4 portions

CUISINER EN PAPILLOTE SIGNIFIE SIMPLEMENT CUISINER SUR DU PAPIER. C'EST UNE BELLE FAÇON DE CUISINER POUR DE NOMBREUSES RAISONS. LE POISSON ET LES LÉGUMES SONT CUITS À LA VAPEUR DANS DES EMBALLAGES EN ALUMINIUM, EMPRISONNANT LES JUS, LES SAVEURS ET LES NUTRIMENTS, ET IL N'Y A PAS DE CASSEROLES OU DE POÊLES À LAVER PAR LA SUITE.

- 4 filets de saumon frais ou congelés de 6 onces
- 1 tasse de feuilles de basilic frais légèrement écrasées
- 1 tasse de feuilles de persil frais légèrement tassées
- ½ tasse de noisettes grillées*
- 5 cuillères à soupe d'huile d'olive
- 1 cuillère à café de zeste de citron finement râpé
- 2 cuillères à soupe de jus de citron frais
- 1 gousse d'ail hachée
- 1 livre d'asperges fines, parées
- 4 cuillères à soupe de vin blanc sec

1. Décongeler le saumon s'il est congelé. rincer le poisson; sécher avec une serviette en papier. Préchauffer le four à 400°F.

2. Pour le pesto, dans un mélangeur ou un robot culinaire, réduire en purée le basilic, le persil, les noisettes, l'huile d'olive, le zeste de citron, le jus de citron et l'ail. Couvrir et

mélanger ou traiter jusqu'à consistance lisse; mettre de côté.

3. Coupez quatre carrés de 12 pouces dans du papier sulfurisé. Pour chaque papillote, déposer un filet de saumon au centre du carré de papier sulfurisé. Garnir d'un quart des pointes d'asperges et de 2 à 3 cuillères à soupe de pesto; Arroser avec 1 cuillère à soupe de vin. Prenez deux côtés opposés du papier sulfurisé et repliez-les plusieurs fois sur le poisson. Pliez les extrémités du parchemin pour sceller. Répétez l'opération pour faire trois autres paquets.

4. Griller de 17 à 19 minutes, ou jusqu'à ce que le poisson commence à s'écailler lorsqu'il est testé avec une fourchette (ouvrir doucement l'emballage pour vérifier la cuisson).

*Astuce : Pour griller les noisettes, préchauffer le four à 350°F. Répartir les noix en une seule couche dans une cocotte peu profonde. Cuire au four de 8 à 10 minutes ou jusqu'à ce qu'ils soient légèrement grillés, en remuant une fois pour un brunissement uniforme. Refroidir un peu les noix. Placer les noix chaudes sur un torchon propre; Frottez avec la serviette pour enlever la peau lâche.

SAUMON EPICE AVEC SAUCE AUX CHAMPIGNONS ET AUX POMMES

DU DEBUT A LA FIN : 40 minutes donne : 4 portions

CE FILET DE SAUMON ENTIERGARNI D'UN MELANGE DE CHAMPIGNONS SAUTES, D'ECHALOTES, DE POMMES TRANCHEES AU BLUSH ROUGE ET SERVI SUR UN LIT D'EPINARDS VERT VIF, C'EST UN PLAT ELEGANT POUR LES INVITES.

1 1½ livre de filet de saumon entier frais ou congelé avec la peau
1 cuillère à café de graines de fenouil finement moulues*
½ cuillère à café de sauge séchée, écrasée
½ cuillère à café de coriandre moulue
¼ cuillère à café de moutarde sèche
¼ cuillère à café de poivre noir
2 cuillères à soupe d'huile d'olive
1½ tasse de champignons cremini frais, coupés en quartiers
1 échalote moyenne, tranchée très finement
1 petite pomme à cuire, coupée en quatre, évidée et tranchée finement
¼ tasse de vin blanc sec
4 tasses d'épinards frais
Petits brins de sauge fraîche (facultatif)

1. Décongeler le saumon s'il est congelé. Préchauffer le four à 425°F. Tapisser une grande plaque à pâtisserie de papier parchemin; mettre de côté. rincer le poisson; sécher avec une serviette en papier. Placer le saumon, peau vers le bas, sur la plaque à pâtisserie préparée. Dans un petit bol, mélanger les graines de fenouil, ½ cuillère à café de sauge séchée, la coriandre, la moutarde et le poivre. Répartir uniformément sur le saumon; frotter avec les doigts.

2. Mesurez l'épaisseur du poisson. Griller le saumon à ½ pouce d'épaisseur, 4 à 6 minutes, ou jusqu'à ce que le poisson commence à s'écailler lorsqu'il est testé avec une fourchette.

3. Pendant ce temps, pour la sauce pan, chauffer l'huile d'olive dans une grande poêle à feu moyen-vif. ajouter les champignons et les échalotes; Cuire de 6 à 8 minutes ou jusqu'à ce que les champignons soient tendres et commencent à dorer, en remuant de temps à autre. ajouter les pommes; couvrir et cuire en remuant encore 4 minutes. Ajouter le vin avec précaution. Cuire, à découvert, 2 à 3 minutes ou jusqu'à ce que les tranches de pomme soient tendres. À l'aide d'une écumoire, placer le mélange de champignons dans un bol moyen; couvrir pour rester au chaud.

4. Dans la même poêle, cuire les épinards 1 minute ou jusqu'à ce qu'ils soient tendres, en remuant constamment. Répartir les épinards dans quatre assiettes. Coupez le filet de saumon en quatre parts égales, jusqu'à la peau mais ne coupez pas. Utilisez une grande spatule pour gratter les morceaux de saumon de la peau; Déposer une portion de saumon sur les épinards dans chaque assiette. Verser uniformément le mélange de champignons sur le saumon. Garnir de sauge fraîche si vous le souhaitez.

*Astuce : Utilisez un mortier, un pilon et un moulin à épices pour écraser finement les graines de fenouil.

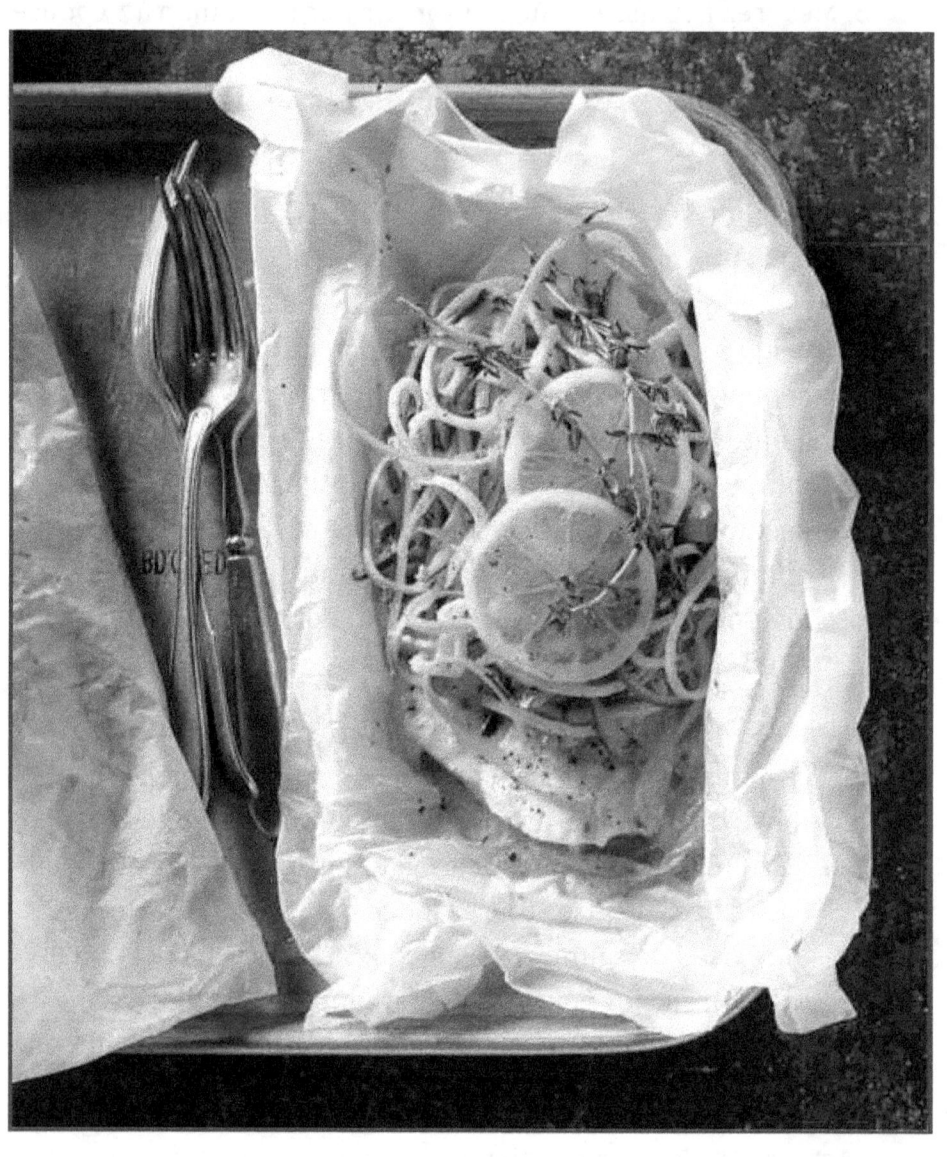

SOLE EN PAPILLOTE AVEC JULIENNE DE LÉGUMES

DEVOIRS:Au four 30 minutes : 12 minutes Rendement : 4 portionsLÂCHE

VOUS POUVEZ CERTAINEMENT COUPER LES LÉGUMES EN JULIENNEAVEC UN BON COUTEAU DE CHEF BIEN AIGUISÉ, CEPENDANT, CELA PREND BEAUCOUP DE TEMPS. EPLUCHEUR À JULIENNE (CF"ÉQUIPEMENT") VOUS POUVEZ PRODUIRE RAPIDEMENT DES BANDES DE LÉGUMES LONGUES, FINES ET UNIFORMES.

- 4 filets de flétan, de plie ou d'autres corégones fermes frais ou congelés
- 1 courgette tranchée
- 1 grosse carotte, hachée
- ½ oignon rouge, haché
- 2 tomates Roma, épépinées et hachées finement
- 2 gousses d'ail hachées
- 1 cuillère à soupe d'huile d'olive
- ½ cuillère à café de poivre noir
- 1 citron, coupé en 8 tranches fines, épépiné
- 8 brins de thym frais
- 4 cuillères à soupe d'huile d'olive
- ¼ tasse de vin blanc sec

1. Décongelez le poisson lorsqu'il est congelé. Préchauffer le four à 375°F. Dans un grand bol, mélanger les courgettes, la carotte, l'oignon, la tomate et l'ail. Ajouter 1 cuillère à soupe d'huile d'olive et ¼ de cuillère à café de poivre; bien remuer pour combiner. Réserver les légumes.

2. Coupez quatre carrés de 14 pouces dans du papier sulfurisé. rincer le poisson; sécher avec une serviette en papier. Placer un filet au centre de chaque carré. Saupoudrer de

¼ de cuillère à café de poivre. Disposez les légumes, les quartiers de citron et les brins de thym sur les filets et répartissez uniformément. Badigeonner chaque pile avec 1 cuillère à café d'huile d'olive et 1 cuillère à soupe de vin blanc.

3. En travaillant un paquet à la fois, prenez deux côtés opposés du papier sulfurisé et repliez le poisson dessus plusieurs fois. Pliez les extrémités du parchemin pour sceller.

4. Placer le paquet sur une grande plaque à pâtisserie. Cuire au four environ 12 minutes, ou jusqu'à ce que le poisson commence à s'effriter lorsqu'il est testé avec une fourchette (ouvrir soigneusement l'emballage pour vérifier la cuisson).

5. Placer chaque paquet sur une assiette pour servir; Ouvrez soigneusement les colis.

TACOS AU PESTO DE ROQUETTE AVEC CRÈME À LA LIME FUMÉE

DEVOIRS:Gril 30 minutes : 4 à 6 minutes par ½ pouce d'épaisseur. Rendement : 6 portions

LA SOLE PEUT ÊTRE REMPLACÉE PAR DU CABILLAUD« JUSTE PAS DE TILAPIA. MALHEUREUSEMENT, LE TILAPIA EST L'UN DES PIRES TYPES DE POISSONS. IL EST ÉLEVÉ PRESQUE PARTOUT, ET SOUVENT DANS DES CONDITIONS ÉPOUVANTABLES. BIEN QUE LE TILAPIA SE TROUVE PRESQUE PARTOUT, IL DEVRAIT ÊTRE ÉVITÉ.

- 4 filets de plie frais ou congelés, 4 à 5 onces, environ ½ pouce d'épaisseur
- 1 recette de pesto de roquette (cf<u>ordonnance</u>)
- ½ tasse de crème de cajou (cf<u>ordonnance</u>)
- 1 cuillère à café d'épices à encens (cf<u>ordonnance</u>)
- ½ cuillère à café de zeste de citron vert finement râpé
- 12 feuilles de laitue beurre
- 1 avocat mûr, coupé en deux, dénoyauté, pelé et tranché finement
- 1 tasse de tomates hachées
- ¼ tasse de coriandre fraîche, hachée
- 1 citron vert, coupé en quartiers

1. Décongelez le poisson lorsqu'il est congelé. rincer le poisson; sécher avec une serviette en papier. Réserver le poisson.

2. Frotter un peu de pesto de roquette sur les deux faces du poisson.

3. Pour un gril à charbon ou à gaz, placez le poisson directement sur une grille graissée à feu moyen-vif. Couvrir et griller de 4 à 6 minutes ou jusqu'à ce que le

poisson commence à s'écailler lorsqu'il est testé avec une fourchette, en le retournant une fois au centre du gril.

4. Pendant ce temps, pour la crème au citron vert fumé, combiner la crème de noix de cajou, les épices fumées et le zeste de citron vert dans un petit bol.

5. Cassez le poisson en morceaux avec une fourchette. Farcir les feuilles de beurre avec du poisson, des tranches d'avocat et des tomates ; saupoudrer de coriandre. Arroser les tacos de crème au citron vert fumé. Servir avec des quartiers de lime à presser sur les tacos.

PAVÉS DE CABILLAUD ET COURGETTES GRILLÉS AVEC UNE SAUCE ÉPICÉE À LA MANGUE ET AU BASILIC

DEVOIRS:Griller pendant 20 minutes : 6 minutes donne : 4 portions

1 à 1½ livre de morue fraîche ou congelée, ½ à 1 pouce d'épaisseur
4 morceaux de feuille de 24 pouces de long et 12 pouces de large
1 courgette moyenne, tranchée
citron-herbe-épice (cfordonnance)
¼ tasse de mayonnaise paléo chipotle (cfordonnance)
1 à 2 cuillères à soupe de purée de mangue mûre*
1 cuillère à soupe de jus de citron ou de lime frais ou de vinaigre de vin de riz
2 cuillères à soupe de basilic frais haché

1. Décongelez le poisson lorsqu'il est congelé. rincer le poisson; sécher avec une serviette en papier. Coupez le poisson en quatre parties.

2. Pliez chaque morceau de papier d'aluminium en deux pour former un carré double épaisseur de 30 cm (12 pouces). Placer un morceau de poisson au centre d'un carré de papier d'aluminium. Garnir d'un quart des courgettes. Saupoudrer d'assaisonnement aux herbes citronnées. Soulevez les deux côtés opposés du papier d'aluminium et pliez-le plusieurs fois sur les courgettes et le poisson. Pliez les extrémités du papier d'aluminium. Répétez l'opération pour faire trois autres paquets. Pour la sauce Chipotle Paleo, combiner la mayonnaise, la mangue, le jus de lime et le basilic dans un petit bol; mettre de côté.

3. Pour un gril à charbon ou à gaz, placez les paquets directement sur la grille de cuisson huilée à feu moyen-élevé. Couvrir et griller de 6 à 9 minutes, ou jusqu'à ce que le poisson commence à s'écailler lorsqu'il est testé à la fourchette et que la courgette soit croustillante (ouvrir soigneusement l'emballage pour vérifier la cuisson). Ne retournez pas les emballages pendant la cuisson. Napper chaque portion de sauce.

*Astuce : Pour la purée de mangue, mélanger ¼ tasse de mangue hachée et 1 cuillère à soupe d'eau dans un mélangeur. Couvrir et remuer jusqu'à consistance lisse. Ajouter la purée de mangue restante au smoothie.

CABILLAUD POCHÉ AU RIESLING ET TOMATES FARCIES AU PESTO

DEVOIRS:Cuisson 30 minutes : 10 minutes donne : 4 portions

1 à 1½ livre de filets de morue frais ou congelés, d'environ 1 pouce d'épaisseur

4 tomates Roma

3 cuillères à soupe de pesto de basilic (cfordonnance)

¼ cuillère à café de poivre noir moulu

1 tasse de Riesling sec ou de Sauvignon Blanc

1 brin de thym frais ou ½ cuillère à café de thym séché, haché

1 feuille de laurier

½ tasse d'eau

2 cuillères à soupe de ciboulette hachée

Tranches de citrons

1. Décongelez le poisson lorsqu'il est congelé. Couper les tomates en deux horizontalement. Découpez les graines et une partie de la pulpe. (Si nécessaire pour raffermir la tomate, coupez une tranche très fine à partir de l'extrémité en faisant attention de ne pas faire de trou dans le bas de la tomate.) Déposez un peu de pesto sur chaque moitié de tomate ; saupoudrer de poivre moulu; mettre de côté.

2. Rincez le poisson; sécher avec une serviette en papier. Couper le poisson en quatre morceaux. Placez un panier vapeur dans une grande poêle avec un couvercle hermétique. Ajouter environ ½ pouce d'eau dans la casserole. porter à ébullition; Réduire le feu à moyen. Placez les tomates face coupée vers le haut dans le panier. Couvrir et cuire à la vapeur pendant 2 à 3 minutes ou jusqu'à ce que le tout soit bien chaud.

3. Mettez les tomates dans une assiette; couvrir pour rester au chaud. Retirez le panier vapeur de la casserole; jeter l'eau. Ajouter le vin, le thym, la feuille de laurier et ½ tasse d'eau dans la casserole. porter à ébullition; Réduire le feu à moyen-doux. Ajouter le poisson et les oignons. Couvrir et laisser mijoter de 8 à 10 minutes ou jusqu'à ce que le poisson commence à s'écailler lorsqu'il est testé à la fourchette.

4. Vaporisez le poisson avec un peu de liquide pour braconnier. Servir le poisson avec des tomates farcies au pesto et des quartiers de citron.

CABILLAUD GRILLÉ EN CROÛTE DE PISTACHES ET CORIANDRE SUR PURÉE DE PATATES DOUCES

DEVOIRS:Cuisson 20 minutes : Rôtissage 10 minutes : 4 à 6 minutes par ½ pouce d'épaisseur Rendement : 4 portions

1 à 1½ livre de morue fraîche ou congelée

Huile d'olive ou huile de noix de coco raffinée

2 cuillères à soupe de pistaches moulues, de noix ou d'amandes

1 blanc d'oeuf

½ cuillère à café de zeste de citron finement râpé

1½ livre de patates douces, pelées et coupées en dés

2 gousses d'ail

1 cuillère à soupe d'huile de noix de coco

1 cuillère à soupe de gingembre frais râpé

½ cuillère à café de cumin moulu

¼ tasse de lait de coco (comme Nature's Way)

4 cuillères à café de pesto de coriandre ou pesto de basilic (cf<u>recettes</u>)

1. Décongelez le poisson lorsqu'il est congelé. Préchauffez le gril. Grille d'huile d'une poêle à frire. Dans un petit bol, mélanger les noix moulues, les blancs d'œufs et le zeste de citron; mettre de côté.

2. Pour la purée de patates douces, dans une casserole moyenne, cuire les patates douces et l'ail dans suffisamment d'eau bouillante pour couvrir, 10 à 15 minutes ou jusqu'à tendreté. Écouler; Remettez les patates douces et l'ail dans la casserole. Utilisez un presse-purée pour écraser les patates douces. Ajouter 1 cuillère à soupe d'huile de noix de coco, de gingembre et de cumin. Mélanger avec le lait de coco jusqu'à consistance légère et mousseuse.

3. Rincez le poisson; sécher avec une serviette en papier. Coupez le poisson en quatre morceaux et placez-le sur la grille préparée et non chauffée d'une poêle à frire. Placez-le sous les bords fins. Tartiner chaque bouchée de pesto à la coriandre. Verser le mélange de noix sur le pesto et étaler délicatement. Griller le poisson hors feu à ½ pouce d'épaisseur pendant 4 à 6 minutes ou jusqu'à ce que le poisson commence à s'écailler lorsqu'il est testé avec une fourchette, en le couvrant de papier d'aluminium pendant la cuisson si la peau commence à brûler. Servir le poisson avec des patates douces.

CABILLAUD AU ROMARIN ET MANDARINE AVEC BROCOLI RÔTI

DEVOIRS:15 minutes Mariné : jusqu'à 30 minutes Cuit au four : 12 minutes Donne : 4 portions

1 à 1½ livre de morue fraîche ou congelée

1 cuillère à café de zeste de mandarine finement râpé

½ tasse de jus de mandarine ou d'orange frais

4 cuillères à soupe d'huile d'olive

2 cuillères à café de romarin frais, coupé en lanières

¼ à ½ cuillère à café de poivre noir moulu

1 cuillère à café de zeste de mandarine finement râpé

3 tasses de brocoli

¼ cuillère à café de piment rouge broyé

Tranches de mandarine, épépinées

1. Préchauffer le four à 450°F. Décongeler le poisson s'il est congelé. rincer le poisson; sécher avec une serviette en papier. Coupez le poisson en quatre parties. Mesurez l'épaisseur du poisson. Mélanger le zeste de mandarine, le jus de mandarine, 2 cuillères à soupe d'huile d'olive, le romarin et le poivre noir dans un bol peu profond; ajouter du poisson. Couvrir et laisser mariner au réfrigérateur jusqu'à 30 minutes.

2. Dans un grand bol, mélanger le brocoli avec les 2 cuillères à soupe d'huile d'olive restantes et le paprika écrasé. Verser dans une cocotte de 2 litres.

3. Badigeonnez légèrement un plat allant au four avec de l'huile d'olive supplémentaire. Égoutter le poisson en réservant la marinade. Placez le poisson dans la poêle et glissez-le sous le rebord fin. Mettre le poisson et le brocoli

au four. Cuire le brocoli de 12 à 15 minutes ou jusqu'à ce qu'il soit croustillant, en remuant une fois à mi-cuisson. Cuire le poisson au four pendant 4 à 6 minutes par poisson de ½ pouce d'épaisseur, ou jusqu'à ce que le poisson commence à s'écailler lorsqu'il est testé avec une fourchette.

4. Dans une petite casserole, porter à ébullition la marinade réservée; Faire bouillir 2 minutes. Verser la marinade sur le poisson cuit. Servir le poisson avec des tranches de brocoli et de mandarine.

WRAP DE SALADE DE CURRY DE MORUE AUX RADIS MARINÉS

DEVOIRS:20 minutes Temps de repos : 20 minutes Temps de cuisson : 6 minutes
Rendement : 4 portionsLÂCHE

1 livre de filets de cabillaud frais ou surgelés

6 radis, râpés grossièrement

6 à 7 cuillères à soupe de vinaigre de cidre de pomme

½ cuillère à café de piment rouge broyé

2 cuillères à soupe d'huile de noix de coco non raffinée

¼ tasse de beurre d'amande

1 gousse d'ail hachée

2 cuillères à café de gingembre finement râpé

2 cuillères à soupe d'huile d'olive

1½ à 2 cuillères à café de curry en poudre sans sel ajouté

4 à 8 feuilles de chou beurre ou feuilles de laitue

1 poivron rouge, haché

2 cuillères à soupe de coriandre fraîche, coupée en lanières

1. Décongelez le poisson lorsqu'il est congelé. Dans un bol moyen, mélanger les radis, 4 cuillères à soupe de vinaigre et ¼ de cuillère à café de poivron rouge broyé ; Laisser reposer 20 minutes en remuant de temps en temps.

2. Pour la sauce au beurre d'amande, faire fondre l'huile de noix de coco dans une petite casserole à feu doux. Battre le beurre d'amande jusqu'à consistance lisse. Ajouter l'ail, le gingembre et ¼ de cuillère à café de piment rouge broyé. Retirer du feu. Ajouter les 2 à 3 cuillères à soupe restantes de vinaigre de cidre de pomme et remuer jusqu'à consistance lisse; mettre de côté. (La sauce épaissira légèrement au fur et à mesure que le vinaigre sera ajouté.)

3. Rincez le poisson; sécher avec une serviette en papier. Chauffer l'huile d'olive et la poudre de cari dans une grande poêle à feu moyen-vif. ajouter du poisson; Cuire 3 à 6 minutes, ou jusqu'à ce que le poisson commence à s'émietter lorsqu'il est testé à la fourchette, en le retournant une fois à mi-cuisson. Déchiqueter grossièrement le poisson avec deux fourchettes.

4. Égouttez les radis; jeter la marinade. Déposer un peu de poisson, des lamelles de poivron, le mélange de radis et la vinaigrette au beurre d'amande sur chaque feuille de laitue. Saupoudrer de coriandre. Enroulez le papier autour de la garniture. Si vous le souhaitez, fixez l'emballage avec des cure-dents en bois.

HADDOCK FRIT AU CITRON ET FENOUIL

DEVOIRS:25 minutes Rôtissage : 50 minutes Rendement : 4 portions

HADDOCK, GARDON ET MORUECHAIR BLANCHE DENSE AU GOÛT DOUX. ILS SONT INTERCHANGEABLES DANS LA PLUPART DES RECETTES, Y COMPRIS CE PLAT DE POISSON ET DE LÉGUMES CUIT AU FOUR AVEC DES HERBES ET DU VIN.

- 4 6 onces de filets d'aiglefin, de goberge ou de cabillaud frais ou congelés, d'environ ½ pouce d'épaisseur
- 1 gros bulbe de fenouil, évidé et tranché, les feuilles réservées et hachées
- 4 carottes moyennes, coupées en deux verticalement et coupées en morceaux de 2 à 3 pouces
- 1 oignon rouge, coupé en deux et tranché
- 2 gousses d'ail hachées
- 1 citron, tranché finement
- 3 cuillères à soupe d'huile d'olive
- ½ cuillère à café de poivre noir
- ¾ tasse de vin blanc sec
- 2 cuillères à soupe de persil frais haché finement
- 2 cuillères à soupe de feuilles de fenouil frais hachées
- 2 cuillères à café de zeste de citron finement râpé

1. Décongelez le poisson lorsqu'il est congelé. Préchauffer le four à 400°F. Mélanger le fenouil, les carottes, l'oignon, l'ail et les quartiers de citron dans une cocotte carrée de 3L. Arroser de 2 cuillères à soupe d'huile d'olive et saupoudrer de ¼ de cuillère à café de poivre; jeter à porter. Versez le vin dans une assiette. Recouvrez la plaque de papier d'aluminium.

2. Griller pendant 20 minutes. Découvrir; mélanger avec le mélange de légumes. Griller pendant 15 à 20 minutes supplémentaires ou jusqu'à ce que les légumes soient croustillants. Incorporer le mélange de légumes. Saupoudrer le poisson du ¼ de cuillère à café de poivre restant; Déposer le poisson sur le mélange de légumes. Arrosez avec la cuillère à soupe d'huile d'olive restante. Griller pendant 8 à 10 minutes ou jusqu'à ce que le poisson commence à s'écailler lorsqu'il est testé avec une fourchette.

3. Mélanger le persil, les feuilles de fenouil et le zeste de citron dans un petit bol. Pour servir, répartir le mélange de poisson et de légumes dans des assiettes. Verser le jus de cuisson sur le poisson et les légumes. Saupoudrer du mélange de persil.

VIVANEAU EN CROÛTE DE NOIX DE PÉCAN AVEC SAUCE TARTARE DE GOMBO CAJUN ET TOMATES

DEVOIRS:Cuisson 1 heure : 10 minutes Cuisson : 8 minutes Rendement : 4 portions

LE PLAT DE POISSON DE CETTE ENTREPRISECELA PREND UN PEU DE TEMPS À PRÉPARER, MAIS LA SAVEUR RICHE EN VAUT LA PEINE. LA RÉMOULADE, UNE SAUCE MAYONNAISE AVEC UNE VINAIGRETTE CAJUN AU CITRON ET À LA MOUTARDE ET DES POIVRONS ROUGES, DES OIGNONS ET DU PERSIL HACHÉS, PEUT ÊTRE PRÉPARÉE LA VEILLE ET RÉFRIGÉRÉE.

- 4 cuillères à soupe d'huile d'olive
- ½ tasse de pacanes finement hachées
- 2 cuillères à soupe de persil frais haché
- 1 cuillère à soupe de thym frais haché
- 2 filets de vivaneau rouge de 8 onces, ½ pouce d'épaisseur
- 4 cuillères à café d'assaisonnement Cajun (cf<u>ordonnance</u>)
- ½ tasse d'oignon haché
- ½ tasse de poivrons verts hachés
- ½ tasse de céleri haché
- 1 cuillère à soupe d'ail haché
- 1 livre de gombo frais, coupé en morceaux de 1 pouce (ou asperges fraîches, coupées en morceaux de 1 pouce)
- 8 onces de tomates cerises ou raisins, coupées en deux
- 2 cuillères à café de thym frais haché
- Poivre noir
- Rémoulade (voir recette à droite)

1. Faites chauffer 1 cuillère à soupe d'huile d'olive dans une poêle moyenne à feu moyen-vif. Ajouter les noix et faire griller, en remuant fréquemment, environ 5 minutes ou

jusqu'à ce qu'elles soient dorées et parfumées. Mettre les noix dans un petit bol et laisser refroidir. Ajouter le persil et le thym et réserver.

2. Préchauffer le four à 400°F. Tapisser une plaque à pâtisserie de papier parchemin ou de papier d'aluminium. Placer les filets de vivaneau côté peau sur la plaque à pâtisserie et saupoudrer 1 cuillère à café d'assaisonnement cajun sur chacun. A l'aide d'un pinceau, badigeonner 2 cuillères à soupe d'huile d'olive sur les filets. Répartir uniformément le mélange de noix sur les filets, en pressant doucement les noix sur la surface du poisson pour s'assurer qu'elles collent. Si possible, couvrez les zones ouvertes du filet de poisson avec des noix. Cuire le poisson au four de 8 à 10 minutes ou jusqu'à ce qu'il se défasse facilement avec la pointe d'un couteau.

3. Faites chauffer la cuillère à soupe d'huile d'olive restante dans une grande poêle à feu moyen-vif. Ajouter l'oignon, le poivron, le céleri et l'ail. Cuire et remuer pendant 5 minutes ou jusqu'à ce que les légumes soient croustillants. Ajouter le gombo tranché (ou les asperges si vous en utilisez) et les tomates ; cuire de 5 à 7 minutes ou jusqu'à ce que le gombo soit croustillant et que les tomates commencent à se fendre. Retirer du feu et assaisonner de thym et de poivre noir. Servir les légumes avec le vivaneau et la rémoulade.

Rémoulade : Dans un robot culinaire, réduire en purée fine ½ tasse de poivron rouge haché, ¼ tasse de ciboulette hachée et 2 cuillères à soupe de persil frais haché. Ajouter ¼ tasse de mayonnaise paléo (voir<u>ordonnance</u>), ¼ tasse de moutarde de Dijon (cf<u>ordonnance</u>), 1½ cuillère à café de jus de citron et ¼ cuillère à café d'assaisonnement cajun (cf<u>ordonnance</u>). Pulse up combiné. Verser dans un bol et réfrigérer jusqu'au moment de servir. (La rémoulade peut être préparée 1 jour à l'avance et réfrigérée.)

EMPANADAS DE THON À L'ESTRAGON AVEC AVOCAT ET AÏOLI AU CITRON

DEVOIRS:25 minutes Temps de cuisson : 6 minutes Rendement : 4 portionsLÂCHE

EN PLUS DU SAUMON, CELA INCLUT LE THONUNE DES RARES ESPÈCES DE POISSONS POUVANT ÊTRE FINEMENT DÉCOUPÉE EN CRACKERS. VEILLEZ À NE PAS TROP TRAITER LE THON DANS LE ROBOT CULINAIRE ; L'ABUS LE DURCIT.

- 1 livre de steaks de thon frais ou congelés sans peau
- 1 blanc d'oeuf, légèrement battu
- ¾ tasse de farine de graines de lin dorées moulues
- 1 cuillère à soupe d'estragon ou d'aneth frais râpé
- 2 cuillères à soupe de ciboulette fraîche, coupée en lanières
- 1 cuillère à café de zeste de citron finement râpé
- 2 cuillères à soupe d'huile de lin, d'huile d'avocat ou d'huile d'olive
- 1 avocat moyen, dénoyauté
- 3 cuillères à soupe de mayonnaise paléo (cfordonnance)
- 1 cuillère à café de zeste de citron finement râpé
- 2 cuillères à café de jus de citron frais
- 1 gousse d'ail hachée
- 4 onces de bébés épinards (environ 4 tasses bien tassées)
- ⅓ tasse de vinaigrette à l'ail rôti (cfordonnance)
- 1 pomme Granny Smith, épépinée et coupée en morceaux de la taille d'une allumette
- ¼ tasse de noix grillées hachées (cfmaigre)

1. Décongelez le poisson lorsqu'il est congelé. rincer le poisson; sécher avec une serviette en papier. Couper le poisson en morceaux de 1,5 cm. Placer le poisson dans un robot culinaire; Traiter les impulsions marche/arrêt jusqu'à ce qu'elles soient finement hachées. (Faites

attention à ne pas vous surmener ou vous rendrez le burger dur.) Mettez le poisson de côté.

2. Mélanger les blancs d'œufs, ¼ tasse de farine de graines de lin, l'estragon, la ciboulette et le zeste de citron dans un bol moyen. ajouter du poisson; remuer doucement pour combiner. Former quatre galettes de ½ pouce d'épaisseur avec le mélange de poisson.

3. Placez la ½ tasse restante de farine de graines de lin dans un bol peu profond. Tremper les gâteaux dans le mélange de graines de lin et les retourner uniformément.

4. Chauffer l'huile dans une très grande poêle à feu moyen-vif. Cuire la galette de thon dans l'huile chaude pendant 6 à 8 minutes, ou jusqu'à ce qu'un thermomètre à lecture instantanée inséré horizontalement dans la galette indique 160 ° F, en tournant une fois à mi-cuisson.

5. Pendant ce temps, pour l'aïoli, dans un bol moyen, écraser l'avocat à la fourchette. Ajouter la mayonnaise paléo, le zeste de citron, le jus de citron et l'ail. Mélanger jusqu'à ce que le tout soit bien mélangé et presque lisse.

6. Placer les épinards dans un bol moyen. Arroser les épinards de vinaigrette à l'ail rôti; jeter à porter. Pour chaque portion, déposer une boule de thon et un quart des épinards sur un plat de service. Garnir le thon d'un peu d'aïoli. Garnir les épinards de pommes et de noix. Sers immédiatement.

TAJINE OURSIN RAYÉ

DEVOIRS : 50 minutes Réfrigération : 1 à 2 heures Cuisson : 22 minutes Cuisson : 25 minutes Rendement : 4 portions

TAJINE EST LE NOM DE À LA FOIS UN TYPE DE PLAT NORD-AFRICAIN (UN TYPE DE RAGOÛT) ET LE POT CONIQUE DANS LEQUEL IL EST CUIT. SI VOUS N'EN AVEZ PAS, UNE CASSEROLE COUVERTE ALLANT AU FOUR FONCTIONNE BIEN. LA CHERMOULA EST UNE PÂTE ÉPAISSE D'HERBES NORD-AFRICAINES LE PLUS SOUVENT UTILISÉE COMME MARINADE POUR LE POISSON. SERVEZ CE PLAT DE POISSON COLORÉ AVEC DES PATATES DOUCES OU DU CHOU-FLEUR.

- 4 filets de bar rayé ou de flétan frais ou congelés de 6 onces avec la peau
- 1 botte de coriandre ciselée
- 1 cuillère à café de zeste de citron finement râpé (réserver)
- ¼ tasse de jus de citron frais
- 4 cuillères à soupe d'huile d'olive
- 5 gousses d'ail, hachées
- 4 cuillères à café de cumin moulu
- 2 cuillères à café de paprika doux
- 1 cuillère à café de coriandre moulue
- ¼ cuillère à café d'anis moulu
- 1 gros oignon, pelé, coupé en deux et tranché finement
- 1 boîte de 15 onces de tomates rôties au feu en dés non salées, non égouttées
- ½ tasse de bouillon d'os de poulet (cf <u>ordonnance</u>) ou bouillon de poulet non salé
- 1 gros poivron jaune, épépiné et coupé en lanières de ½ pouce
- 1 gros poivron orange, épépiné et coupé en lanières de ½ pouce

1. Décongelez le poisson lorsqu'il est congelé. rincer le poisson; sécher avec une serviette en papier. Disposer les filets de poisson dans une cocotte peu profonde non métallique. Réserver le poisson.

2. Pour la chermoula, dans un petit mélangeur ou un robot culinaire, mélanger la coriandre, le jus de citron, 2 cuillères à soupe d'huile d'olive, 4 gousses d'ail hachées, le cumin, le paprika, la coriandre et l'anis. Fait et travaillé en douceur.

3. Versez la moitié de la chermoula sur le poisson en le retournant pour bien enrober les deux faces. Couvrir et réfrigérer pendant 1 à 2 heures. garnir du reste de la chermoula; laisser à température ambiante jusqu'à utilisation.

4. Préchauffer le four à 325°F. Chauffer les 2 cuillères à soupe d'huile restantes dans une grande poêle allant au four à feu moyen-vif. ajouter les oignons; cuire et remuer pendant 4 à 5 minutes ou jusqu'à tendreté. Incorporer 1 gousse d'ail hachée; Cuire et remuer pendant 1 minute. Ajouter la chermoula réservée, les tomates, le bouillon d'os de poulet, les lanières de poivron et le zeste de citron. porter à ébullition; réduire la fièvre. Laisser mijoter à découvert pendant 15 minutes. Si désiré, transférer le mélange dans le tajine; Garnir avec le poisson et le restant de chermoula du bol. Couverture; Cuire 25 minutes. Sers immédiatement.

BOUILLABAISSE AUX FRUITS DE MER

DÉBUT À LA FIN : 1¾ HEURES RENDEMENT : 4 PORTIONS

COMME LE CIOPPINO ITALIEN, LE RAGOÛT DE FRUITS DE MER FRANÇAISDE FRUITS DE MER SEMBLE ÊTRE UN ÉCHANTILLON DE LA PÊCHE DU JOUR JETÉ DANS UNE CASSEROLE AVEC DE L'AIL, DES OIGNONS, DES TOMATES ET DU VIN. CEPENDANT, LA SAVEUR LA PLUS IMPORTANTE DE LA BOUILLABAISSE EST LA COMBINAISON DE SAFRAN, DE FENOUIL ET D'ÉCORCE D'ORANGE.

- 1 livre de filets de flétan sans peau frais ou congelés, coupés en morceaux de 1 pouce
- 4 cuillères à soupe d'huile d'olive
- 2 tasses d'oignon haché
- 4 gousses d'ail, hachées
- 1 tête de fenouil, épépiné et haché
- 6 tomates Roma, hachées
- ¾ tasse de bouillon d'os de poulet (cf<u>ordonnance</u>) ou bouillon de poulet non salé
- ¼ tasse de vin blanc sec
- 1 tasse d'oignon finement haché
- 1 tête de fenouil, épépiné et haché finement
- 6 gousses d'ail, hachées
- 1 orange
- 3 tomates Roma, hachées finement
- 4 brins de safran
- 1 cuillère à soupe d'origan frais, coupé en lanières
- 1 livre de palourdes, nettoyées et rincées
- 1 livre de palourdes, barbes enlevées, lavées et rincées (cf<u>maigre</u>)
- Origan frais haché (facultatif)

1. Décongeler le flétan s'il est congelé. rincer le poisson; sécher avec une serviette en papier. Réserver le poisson.

2. Faites chauffer 2 cuillères à soupe d'huile d'olive dans une casserole de 6 à 8 pintes à feu moyen. Ajouter 2 tasses d'oignon haché, 1 tête de fenouil haché et 4 gousses d'ail hachées dans la casserole. Cuire de 7 à 9 minutes ou jusqu'à ce que l'oignon soit tendre, en remuant de temps à autre. Ajouter 6 tomates hachées et 1 tête de fenouil haché; Cuire 4 minutes de plus. Ajouter le bouillon d'os de poulet et le vin blanc dans la casserole; laisser mijoter 5 minutes; refroidir un peu. Transférer le mélange de légumes dans un mélangeur ou un robot culinaire. Couvrir et mélanger ou traiter jusqu'à consistance lisse; mettre de côté.

3. Faites chauffer la cuillère à soupe d'huile d'olive restante dans le même four hollandais à feu moyen-vif. Ajouter 1 tasse d'oignon finement haché, 1 tête de fenouil finement haché et 6 gousses d'ail hachées. Cuire à feu moyen-élevé pendant 5 à 7 minutes ou jusqu'à ce qu'ils soient presque tendres, en remuant fréquemment.

4. À l'aide d'un épluche-légumes, prélevez le zeste de l'orange en larges lanières ; mettre de côté. Placez le mélange de légumes en purée, 3 tomates hachées, le safran, l'origan et le zeste d'orange dans le faitout. porter à ébullition; Réduire le feu pour continuer à mijoter. Ajouter les palourdes, les moules et le poisson; Agiter doucement pour badigeonner le poisson de sauce. Ajustez la chaleur au besoin pour maintenir un mijotage lent. Couvrir et laisser mijoter jusqu'à ce que les moules et les palourdes se soient ouvertes et que le poisson commence à s'écailler lorsqu'il est testé à la fourchette, 3 à 5 minutes. Servir

dans des bols peu profonds. Saupoudrer d'origan supplémentaire si désiré.

CEVICHE DE CREVETTES CLASSIQUE

DEVOIRS : Cuisson 20 minutes : réfrigération 2 minutes : repos 1 heure : 30 minutes
Rendement : 3 à 4 portions

CE PLAT LATINO-AMÉRICAIN EST EXCELLENTDE GOÛT ET DE TEXTURE. LE CONCOMBRE ET LE CÉLERI CROUSTILLANTS, L'AVOCAT CRÉMEUX, LES JALAPEÑOS ACIDULÉS ET CROQUANTS ET LES CREVETTES TENDRES ET SUCRÉES SONT TOUS MÉLANGÉS DANS DU JUS DE CITRON VERT ET DE L'HUILE D'OLIVE. DANS LE CEVICHE TRADITIONNEL, L'ACIDE DU JUS DE CITRON VERT "CUIT" LES CREVETTES, MAIS UN PLONGEON RAPIDE DANS L'EAU BOUILLANTE NE LAISSE RIEN DERRIÈRE ET NE NUIT PAS À LA SAVEUR OU À LA TEXTURE DES CREVETTES.

- 1 livre de crevettes moyennes fraîches ou congelées, décortiquées et déveinées, queues enlevées
- ½ concombre, pelé, épépiné et haché
- 1 tasse de céleri haché
- ½ petit oignon rouge, haché
- 1 à 2 jalapeños, épépinés et hachés (cf_maigre_)
- ½ tasse de jus de citron vert frais
- 2 tomates Roma, coupées en dés
- 1 avocat, coupé en deux, épépiné, pelé et coupé en dés
- ¼ tasse de coriandre fraîche, hachée
- 3 cuillères à soupe d'huile d'olive
- ½ cuillère à café de poivre noir

1. Décongelez les crevettes si elles sont congelées. décortiquer et déveiner les crevettes; enlever la queue. rincer les crevettes; sécher avec une serviette en papier.

2. Remplir une grande casserole à moitié avec de l'eau. Porter à ébullition. Mettre les crevettes dans l'eau bouillante.

cuire, à découvert, 1 à 2 minutes ou jusqu'à ce que les crevettes deviennent opaques; égoutter Mettre les crevettes dans de l'eau froide et égoutter à nouveau. Couper les crevettes en dés.

3. Mélanger les crevettes, le concombre, le céleri, l'oignon, les jalapeños et le jus de lime dans un grand bol non réactif. Couvrir et réfrigérer pendant 1 heure en remuant une ou deux fois.

4. Ajouter les tomates, l'avocat, la coriandre, l'huile d'olive et le poivre noir. Couvrir et laisser reposer à température ambiante pendant 30 minutes. Remuez doucement avant de servir.

SALADE AUX CREVETTES ET ÉPINARDS EN CROÛTE DE NOIX DE COCO

DEVOIRS:Au four pendant 25 minutes : 8 minutes Rendement : 4 portionsLÂCHE

AÉROSOLS D'HUILE D'OLIVE DE FABRICATION COMMERCIALEPEUT CONTENIR DE L'ALCOOL DE GRAIN, DE LA LÉCITHINE ET DES PROPULSEURS ; CE N'EST PAS UNE BONNE COMBINAISON SI VOUS ESSAYEZ DE MANGER DE VRAIS ALIMENTS PROPRES ET D'ÉVITER LES CÉRÉALES, LES GRAISSES MALSAINES, LES LÉGUMINEUSES ET LES PRODUITS LAITIERS. UN ATOMISEUR D'HUILE UTILISE UNIQUEMENT DE L'AIR POUR CONDUIRE L'HUILE DANS UNE FINE BRUME QUI EST PARFAITE POUR ENROBER LÉGÈREMENT LES CREVETTES EN CROÛTE DE NOIX DE COCO AVANT LA CUISSON.

- 1½ livre de crevettes décortiquées extra larges fraîches ou congelées
- Atomiseur Misto rempli d'huile d'olive extra vierge
- 2 oeufs
- ¾ tasse de flocons de noix de coco non sucrés ou de noix de coco râpée
- ¾ tasse de farine d'amande
- ½ tasse d'huile d'avocat ou d'huile d'olive
- 3 cuillères à soupe de jus de citron frais
- 2 cuillères à soupe de jus de citron vert frais
- 2 petites gousses d'ail, hachées
- ⅛ à ¼ de cuillère à café de piment rouge broyé
- 8 tasses de bébés épinards frais
- 1 avocat moyen, coupé en deux, dénoyauté, pelé et tranché finement
- 1 petit poivron doux orange ou jaune, coupé en fines lanières
- ½ tasse d'oignon rouge haché

1. Décongelez les crevettes si elles sont congelées. Décortiquer et déveiner les crevettes en laissant les queues intactes. rincer les crevettes; sécher avec une serviette en papier. Préchauffer le four à 450°F. Tapisser une grande plaque à pâtisserie de papier d'aluminium; Enduisez légèrement une feuille d'aluminium d'huile en aérosol provenant d'une bouteille Misto; mettre de côté.

2. Battre les œufs à la fourchette sur une assiette plate. Dans une autre assiette plate, mélanger la noix de coco et la farine d'amande. Tremper les gambas dans l'oeuf, tourner vers la fourrure. Trempez-le dans le mélange de noix de coco et pressez pour enrober (laissez l'extrémité découverte). Disposez les crevettes en une seule couche sur la plaque à pâtisserie préparée. Badigeonnez le dessus des crevettes avec de l'huile de pulvérisation de la bouteille Misto.

3. Cuire au four de 8 à 10 minutes ou jusqu'à ce que les crevettes soient opaques et que les garnitures soient légèrement dorées.

4. Pendant ce temps, pour faire la vinaigrette, mélanger l'huile d'avocat, le jus de citron, le jus de citron vert, l'ail et les poivrons rouges broyés dans un petit bocal à vis. Fermer et bien agiter.

5. Pour les salades, répartir les épinards dans quatre assiettes. Garnir d'avocat, de poivron, d'oignon rouge et de crevettes. Arroser de vinaigrette et servir immédiatement.

CEVICHE AUX CREVETTES TROPICALES ET PÉTONCLES

DEVOIRS : 20 minutes Mariné : 30 à 60 minutes Donne : 4 à 6 portions

CEVICHE FRAIS ET LEGER FAIT UN BON REPAS POUR UNE CHAUDE NUIT D'ETE. AVEC MELON, MANGUE, POIVRE SERRANO, FENOUIL ET VINAIGRETTE MANGUE-CITRON VERT (CF<u>ORDONNANCE</u>), C'EST UNE JOLIE VERSION DE L'ORIGINAL.

- 1 livre de pétoncles frais ou surgelés
- 1 livre de grosses crevettes fraîches ou surgelées
- 2 tasses de melon miel coupé en dés
- 2 mangues moyennes, épépinées, pelées et hachées (environ 2 tasses)
- 1 tête de fenouil, nettoyée, coupée en quartiers, épépinée et tranchée finement
- 1 poivron rouge moyen, haché (environ ¾ tasse)
- 1 à 2 piments Serrano, épépinés et finement tranchés (voir Fig.<u>maigre</u>)
- ½ tasse de coriandre fraîche légèrement tassée, hachée
- 1 recette de vinaigrette mangue citron vert (cf<u>ordonnance</u>)

1. Décongeler les pétoncles et les crevettes s'ils sont congelés. Couper les pétoncles en deux horizontalement. Décortiquez et déveinez les crevettes et coupez-les en deux horizontalement. Rincer les pétoncles et les crevettes ; sécher avec une serviette en papier. Remplir une grande casserole aux trois quarts avec de l'eau. Porter à ébullition. ajouter les crevettes et les pétoncles ; cuire 3 à 4 minutes ou jusqu'à ce que les crevettes et les pétoncles soient opaques ; égoutter et rincer sous l'eau froide pour refroidir rapidement. Bien égoutter et laisser reposer.

2. Dans un très grand bol, mélanger le melon, la mangue, le fenouil, le paprika, le piment serrano et la coriandre.

Ajouter la vinaigrette à la mangue et à la lime; Agiter doucement pour enrober. Ajouter délicatement les crevettes cuites et les pétoncles. Laisser mariner au réfrigérateur pendant 30 à 60 minutes avant de servir.

CREVETTES À L'AIL AVEC ÉPINARDS FANÉS ET RADICCHIO

DEVOIRS:Temps de cuisson : 15 minutes : 8 minutes Rendement : 3 portions

"SCAMPI" FAIT RÉFÉRENCE À UN PLAT DE RESTAURANT CLASSIQUEÀ BASE DE GROSSES CREVETTES FRITES OU GRILLÉES AVEC DU BEURRE ET BEAUCOUP D'AIL ET DE CITRON. CETTE VERSION SAVOUREUSE À L'HUILE D'OLIVE EST APPROUVÉE PAR LE PALÉO ET ENRICHIE SUR LE PLAN NUTRITIONNEL AVEC UNE FRITURE RAPIDE DE RADICCHIO ET D'ÉPINARDS.

- 1 livre de grosses crevettes fraîches ou surgelées
- 4 cuillères à soupe d'huile d'olive extra vierge
- 6 gousses d'ail, hachées
- ½ cuillère à café de poivre noir
- ¼ tasse de vin blanc sec
- ½ tasse de persil frais haché
- ½ tête de radicchio, épépinée et tranchée finement
- ½ cuillère à café de piment rouge broyé
- 9 tasses de pousses d'épinards
- Tranches de citrons

1. Décongelez les crevettes si elles sont congelées. Décortiquer et déveiner les crevettes en laissant les queues intactes. Dans une grande poêle, chauffer 2 cuillères à soupe d'huile d'olive à feu moyen-vif. Ajouter les crevettes, 4 gousses d'ail hachées et le poivre noir. Cuire et remuer environ 3 minutes ou jusqu'à ce que les crevettes soient opaques. Mettre le mélange de crevettes dans un bol.

2. Ajouter le vin blanc dans la poêle. Cuire en remuant pour détacher l'ail doré du fond de la casserole. Verser le vin

sur les crevettes; remuer pour combiner. Ajouter le persil. Couvrir lâchement de papier d'aluminium pour garder au chaud; mettre de côté.

3. Ajoutez les 2 cuillères à soupe d'huile d'olive restantes, 2 gousses d'ail hachées, le radicchio et les poivrons rouges broyés dans la poêle. Cuire et remuer à feu moyen-vif pendant 3 minutes, ou jusqu'à ce que le radicchio commence à flétrir. Incorporer délicatement les épinards; cuire et remuer 1 à 2 minutes de plus ou jusqu'à ce que les épinards soient tendres.

4. Pour servir, répartir le mélange d'épinards dans trois assiettes; Garnir du mélange de crevettes. Servir avec des quartiers de citron à presser sur les crevettes et les légumes.

SALADE DE CRABE À L'AVOCAT, PAMPLEMOUSSE ET JICAMA

DU DÉBUT À LA FIN :30 minutes donne : 4 portions

LA VIANDE DE NAGEOIRE GÉANTE OU DORSALE EST LA MEILLEUREPOUR CETTE SALADE. LA CHAIR DE CRABE GROSSIÈRE ET GRUMELEUSE SE COMPOSE DE GROS MORCEAUX ADAPTÉS AUX SALADES. BACKFIN EST UN MÉLANGE DE MORCEAUX DE CHAIR DE CRABE CASSÉS EN GROS MORCEAUX ET DE PETITS MORCEAUX DE CHAIR DE CRABE PROVENANT DU CORPS DU CRABE. BIEN QUE PLUS PETIT QUE LE CRABE GÉANT, LA NAGEOIRE DORSALE FONCTIONNE BIEN. LES CREVETTES FRAÎCHES SONT LES MEILLEURES, BIEN SÛR, MAIS LES CREVETTES DÉCONGELÉES SURGELÉES SONT UN BON CHOIX.

6 tasses de pousses d'épinards

½ jicama moyen, pelé et haché*

2 pamplemousses roses ou rouge rubis, pelés, épépinés et tranchés**

2 petits avocats, coupés en deux

1 livre de morceaux ou de chair de crabe

Vinaigrette Pamplemousse Basilic (voir recette à droite)

1. Répartir les épinards dans quatre assiettes. Garnir de jicama, de morceaux de pamplemousse et de son jus récolté, d'avocat et de chair de crabe. Arroser de vinaigrette basilic pamplemousse.

Vinaigrette au pamplemousse et au basilic : Mélanger ⅓ tasse d'huile d'olive dans un bocal à vis; ¼ tasse de jus de pamplemousse frais; 2 cuillères à soupe de jus d'orange frais; ½ petite échalote hachée; 2 cuillères à soupe de basilic frais finement haché; ¼ cuillère à café de piment rouge broyé; et ¼ de cuillère à café de poivre noir. Fermer et bien agiter.

*Astuce : Le jicama peut être coupé rapidement en fines lanières avec un éplucheur à julienne.

**Astuce : Pour couper le pamplemousse, coupez une tranche entre l'extrémité de la tige et le bas du fruit. Placez-le debout sur une surface de travail. Couper le fruit en tronçons de haut en bas le long de la forme arrondie du fruit pour enlever la pelure en lanières. Tenez le fruit au-dessus d'un bol et utilisez un couteau à éplucher pour couper le centre du fruit sur les côtés de chaque section pour libérer la chair. Mettez les morceaux dans un bol avec le jus accumulé. Jeter la pulpe.

BOUILLON DE QUEUE DE HOMARD CAJUN AVEC AÏOLI À L'ESTRAGON

DEVOIRS:20 minutes Cuisson : 30 minutes Rendement : 4 portionsLÂCHE

POUR UN DÎNER ROMANTIQUE À DEUX,CETTE RECETTE SE DIVISE FACILEMENT EN DEUX. UTILISEZ DES CISEAUX DE CUISINE TRÈS TRANCHANTS POUR COUPER LA CARAPACE DES QUEUES DE HOMARD AFIN DE LAISSER UNE VIANDE SAVOUREUSE.

- 2 recettes d'épices cajun (cfordonnance)
- 12 gousses d'ail, pelées et coupées en deux
- 2 citrons, coupés en deux
- 2 grosses carottes, pelées
- 2 branches de céleri, pelés
- 2 bulbes de fenouil, tranchés finement
- 1 livre de champignons entiers
- 4 queues de homard du Maine, 7 à 8 onces
- 4 brochettes en bambou de 8 pouces
- ½ tasse Paleo Aïoli (mayo à l'ail) (cfordonnance)
- ¼ tasse de moutarde de Dijon (cfordonnance)
- 2 cuillères à soupe d'estragon ou de persil frais, coupé en lanières

1. Mélangez 6 tasses d'eau, l'assaisonnement cajun, l'ail et les citrons dans une casserole de 8 pintes. porter à ébullition; Faire bouillir 5 minutes. Réduire le feu pour maintenir le liquide frémissant.

2. Coupez les carottes et le céleri en quatre morceaux. Ajouter les carottes, le céleri et le fenouil au liquide. Couvrir et cuire 10 minutes. ajouter les champignons; couvrir et

cuire 5 minutes. Placer les légumes dans un bol à l'aide d'une écumoire; Garder au chaud

3. En commençant par le pédoncule de chaque queue de homard, insérez une brochette entre la chair et la carapace, en allant presque jusqu'au bout. (Cela empêchera la queue de se recroqueviller pendant la cuisson.) Réduire le feu. Cuire les queues de homard dans de l'eau bouillante dans une casserole pendant 8 à 12 minutes, ou jusqu'à ce que les carapaces soient rouge vif et que la chair soit tendre lorsqu'on la pique avec une fourchette. Retirer le homard du liquide de cuisson. Tenez les queues de homard avec un torchon et retirez et jetez les brochettes.

4. Dans un petit bol, mélanger l'aïoli paléo, la moutarde de Dijon et l'estragon. Servir avec du homard et des légumes.

MOULES SAUTÉES À L'AÏOLI AU SAFRAN

DÉBUT À LA FIN : 1H15 RENDEMENT : 4 PORTIONS

CECI EST UNE VERSION PALÉO DU CLASSIQUE FRANÇAISDE MOULES MIJOTÉES AU VIN BLANC ET AUX HERBES ET ACCOMPAGNÉES DE FRITES DE POMMES DE TERRE BLANCHES FINES ET CROUSTILLANTES. JETER LES MOULES QUI NE SE FERMENT PAS AVANT LA CUISSON ET LES MOULES QUI NE S'OUVRENT PAS APRÈS LA CUISSON.

FRITES DE PANAIS

- 1½ livre de panais, pelés et coupés à 3 × ¼ pouces en juillet
- 3 cuillères à soupe d'huile d'olive
- 2 gousses d'ail hachées
- ¼ cuillère à café de poivre noir
- ⅛ cuillère à café de poivre de Cayenne

AÏOLI AU SAFRAN

- ⅓ tasse d'aïoli paléo (mayonnaise à l'ail) (cf<u>ordonnance</u>)
- ⅛ cuillère à café de filaments de safran, légèrement écrasés

COQUILLE BLEUE

- 4 cuillères à soupe d'huile d'olive
- ½ tasse d'échalotes finement hachées
- 6 gousses d'ail, hachées
- ¼ cuillère à café de poivre noir
- 3 tasses de vin blanc sec
- 3 gros brins de persil plat
- 4 livres de palourdes, nettoyées et décortiquées*
- ¼ tasse de persil italien frais haché
- 2 cuillères à soupe d'estragon frais, coupé en lanières (facultatif)

1. Pour les croustilles de panais, préchauffer le four à 250 °F. Tremper les panais tranchés dans suffisamment d'eau froide pour les couvrir au réfrigérateur pendant 30 minutes; égoutter et éponger avec du papier absorbant.

2. Tapisser une grande plaque à pâtisserie de papier parchemin. Placer les panais dans un bol extra large. Dans un petit bol, mélanger 3 cuillères à soupe d'huile d'olive, 2 gousses d'ail hachées, ¼ de cuillère à café de poivre noir et de poivre de Cayenne ; Répartir sur les panais et mélanger. Étalez les panais en une couche uniforme sur la plaque à pâtisserie préparée. Cuire au four de 30 à 35 minutes ou jusqu'à ce qu'ils soient tendres et commencent à dorer, en remuant de temps à autre.

3. Pour l'aïoli, mélanger l'aïoli paléo et le safran dans un petit bol. Couvrir et mettre au réfrigérateur jusqu'au moment de servir.

4. Pendant ce temps, dans une casserole de 6 à 8 litres ou un faitout, faites chauffer 4 cuillères à soupe d'huile d'olive à feu moyen-vif. Ajouter les échalotes, 6 gousses d'ail et ¼ de cuillère à thé de poivre noir; Cuire environ 2 minutes ou jusqu'à ce qu'ils soient tendres et flétris, en remuant souvent.

5. Ajouter le vin et les brins de persil dans la marmite; porter à ébullition. Ajouter les moules, remuer plusieurs fois. Couvrir hermétiquement et cuire à la vapeur pendant 3 à 5 minutes ou jusqu'à ce que les coquilles s'ouvrent, en remuant doucement deux fois. Jetez les moules qui ne s'ouvrent pas.

6. Utilisez une grande cuillère pour transférer les moules dans des assiettes à soupe peu profondes. Retirer et jeter les brins de persil du liquide de cuisson; Verser le liquide de cuisson sur les moules. Saupoudrer de persil haché et d'estragon, si vous le souhaitez. Servir immédiatement avec des frites de panais et un aïoli au safran.

* Astuce : faites cuire les moules le jour même de leur achat. Si vous utilisez des palourdes sauvages, faites-les tremper dans un bol d'eau froide pendant 20 minutes pour enlever le sable et les gravillons. (Ceci n'est pas nécessaire pour les moules d'élevage.) Frottez les moules une par une avec une brosse dure sous l'eau courante froide. Moutarde des moules environ 10 à 15 minutes avant la cuisson. La barbe est un petit groupe de fibres qui émergent de la carapace. Pour retirer la barbe, prenez la ficelle entre le pouce et l'index et tirez-la vers la charnière. (Cette méthode ne tuera pas la palourde.) Vous pouvez également utiliser des pinces ou des pincettes pour attraper. Assurez-vous que la coquille de chaque moule est bien fermée. S'il y a des coquilles ouvertes, tapotez doucement la table. Jeter les moules qui ne se referment pas en quelques minutes.

SAINT-JACQUES POÊLÉES SAUCE BETTERAVE

DU DÉBUT À LA FIN :30 minutes donne : 4 portionsLÂCHE

POUR UNE BELLE CROÛTE DORÉE,ASSUREZ-VOUS QUE LA SURFACE DES PÉTONCLES EST BIEN SÈCHE ET QUE LA POÊLE EST CHAUDE AVANT DE LES AJOUTER À LA POÊLE. LAISSER ÉGALEMENT DORER LES PÉTONCLES SANS LES DÉRANGER PENDANT 2 À 3 MINUTES EN VÉRIFIANT BIEN AVANT DE LES RETOURNER.

1 livre de pétoncles frais ou surgelés, épongés avec du papier absorbant
3 betteraves moyennes, pelées et coupées en morceaux
½ pomme Granny Smith, pelée et hachée
2 jalapeños, épépinés, épépinés et hachés (cf_maigre_)
¼ tasse de coriandre fraîche hachée
2 cuillères à soupe d'oignon rouge finement haché
4 cuillères à soupe d'huile d'olive
2 cuillères à soupe de jus de citron vert frais
poivre blanc

1. Décongeler les pétoncles s'ils sont congelés.

2. Pour la sauce aux betteraves, combiner les betteraves, la pomme, les jalapeños, la coriandre, l'oignon, 2 cuillères à soupe d'huile d'olive et le jus de citron vert dans un bol moyen. Bien mélanger. Réserver lors de la préparation des pétoncles.

3. Rincer les pétoncles; sécher avec une serviette en papier. Dans une grande poêle, chauffer les 2 cuillères à soupe d'huile d'olive restantes à feu moyen-vif. ajouter les pétoncles; Griller de 4 à 6 minutes ou jusqu'à ce qu'ils

soient dorés et juste opaques à l'extérieur. Saupoudrer légèrement les Saint-Jacques de poivre blanc.

4. Pour servir, étalez uniformément la sauce aux betteraves dans les assiettes; dessus avec des pétoncles. Sers immédiatement.

PÉTONCLES GRILLÉS SAUCE CONCOMBRE ET ANETH

DEVOIRS:Froid 35 minutes : 1 à 24 heures Grill : 9 minutes Rendement : 4 portions

VOICI UNE ASTUCE POUR DES AVOCATS PARFAITS :ACHETEZ-LES LORSQU'ILS SONT VERT CLAIR ET DURS, PUIS LAISSEZ-LES MÛRIR SUR LE COMPTOIR PENDANT QUELQUES JOURS JUSQU'À CE QU'ILS DONNENT UN PEU LORSQU'ON LES APPUIE AVEC LES DOIGTS. S'ILS SONT DURS ET NON MÛRS, ILS NE SE MEURTRISSENT PAS LORSQU'ILS SONT TRANSPORTÉS DU MARCHÉ.

- 12 à 16 pétoncles frais ou surgelés (1¼ à 1¾ livres au total)
- ¼ tasse d'huile d'olive
- 4 gousses d'ail, hachées
- 1 cuillère à café de poivre noir fraîchement moulu
- 2 courgettes de taille moyenne, parées et coupées en deux dans le sens de la longueur
- ½ concombre moyen, coupé en deux sur la longueur et tranché finement sur la largeur
- 1 avocat moyen, coupé en deux, épépiné, pelé et haché
- 1 tomate moyenne, épépinée, épépinée et hachée
- 2 cuillères à café de menthe fraîche
- 1 cuillère à café d'aneth frais, coupé en lanières

1. Décongeler les pétoncles s'ils sont congelés. Rincer les pétoncles sous l'eau froide; sécher avec une serviette en papier. Dans un grand bol, mélanger 3 cuillères à soupe d'huile, l'ail et ¾ de cuillère à café de poivre. ajouter les pétoncles; Agiter doucement pour enrober. Couvrir et réfrigérer pendant au moins 1 heure ou jusqu'à 24 heures, en remuant de temps en temps.

2. Badigeonnez les moitiés de courgettes avec la cuillère à soupe d'huile restante; saupoudrer uniformément sur le ¼ de cuillère à café de poivre restant.

3. Égoutter les pétoncles, jeter la marinade. Enfilez deux brochettes de 10 à 12 pouces dans chaque pétoncle, en utilisant 3 à 4 pétoncles par brochette, en laissant un espacement de ½ pouce entre les pétoncles. *(Enfiler les pétoncles sur deux rails aidera à les maintenir stables pendant la cuisson et le retournement.)

4. Pour un gril au charbon de bois ou au gaz, placez les brochettes de pétoncles et les moitiés de courgettes directement sur le gril à feu moyen-vif. ** Couvrir et cuire jusqu'à ce que les pétoncles soient opaques et que les courgettes soient tendres, en les retournant à mi-chemin de la grille. Attendre 6 à 8 minutes pour les pétoncles et 9 à 11 minutes pour les courgettes.

5. Pendant ce temps, pour la sauce, combiner le concombre, l'avocat, les tomates, la menthe et l'aneth dans un bol moyen. Mélanger délicatement pour combiner. Déposer 1 pétoncle sur chacune des 4 assiettes. Coupez les courgettes en deux en diagonale et ajoutez-les dans un plat avec des pétoncles. Verser le mélange de concombre uniformément sur les pétoncles.

*Conseil : Si vous utilisez des brochettes en bois, faites-les tremper dans suffisamment d'eau pour les couvrir pendant 30 minutes avant de les utiliser.

**Pour griller : Préparez comme décrit à l'étape 3. Disposer les brochettes de pétoncles et les moitiés de courgette sur une grille non chauffée dans une poêle. Griller 4 à 5 pouces hors feu jusqu'à ce que les pétoncles soient opaques et que les courgettes soient tendres, en les retournant une fois à mi-cuisson. Attendre 6 à 8 minutes pour les pétoncles et 10 à 12 minutes pour les courgettes.

PÉTONCLES GRILLÉS AVEC TOMATES, HUILE D'OLIVE ET SAUCE AUX HERBES

DEVOIRS:Temps de cuisson : 20 minutes : 4 minutes Rendement : 4 portions

LA SAUCE RESSEMBLE PRESQUE À UNE VINAIGRETTE CHAUDE.L'HUILE D'OLIVE, LES TOMATES FRAÎCHEMENT HACHÉES, LE JUS DE CITRON ET LES HERBES SONT MÉLANGÉS ET CHAUFFÉS TRÈS DOUCEMENT JUSTE ASSEZ POUR MÉLANGER LES SAVEURS, PUIS SERVIS AVEC DES PÉTONCLES POÊLÉS ET UNE SALADE CROQUANTE DE POUSSES DE TOURNESOL.

PÉTONCLES ET SAUCE

- 1 à 1½ livres de pétoncles, frais ou surgelés (environ 12)
- 2 grosses tomates Roma, pelées, *épépinées et hachées
- ½ tasse d'huile d'olive
- 2 cuillères à soupe de jus de citron frais
- 2 cuillères à soupe de basilic frais haché
- 1 à 2 cuillères à café de ciboulette finement ciselée
- 1 cuillère à soupe d'huile d'olive

SALADE

- 4 tasses de pousses de tournesol
- 1 citron coupé en quartiers
- Huile d'olive vierge extra

1. Décongeler les pétoncles s'ils sont congelés. Rincer les pétoncles; Je le sais, mettez-le de côté.

2. Pour la sauce, combiner les tomates, ½ tasse d'huile d'olive, le jus de citron, le basilic et les oignons nouveaux dans une petite casserole ; mettre de côté.

3. Faites chauffer 1 cuillère à soupe d'huile d'olive dans une grande poêle à feu moyen-vif. ajouter les pétoncles; Cuire de 4 à 5 minutes ou jusqu'à ce qu'ils soient dorés et opaques, en les retournant une fois à mi-cuisson.

4. Pour la salade, placez les germes dans un bol de service. Pressez les tranches de citron sur les pousses et arrosez d'un peu d'huile d'olive. Mélanger pour combiner.

5. Chauffer la sauce à feu doux jusqu'à ce qu'elle soit chaude; ne pas faire bouillir. Pour servir, mettre un peu de sauce au centre de l'assiette; Garnir de 3 des pétoncles. Servir avec la salade de pousses.

*Astuce : Pour peler facilement une tomate, placez-la dans une casserole d'eau bouillante pendant 30 secondes à 1 minute ou jusqu'à ce que la peau se dissolve. Retirez les tomates de l'eau bouillante et plongez-les immédiatement dans un bol d'eau glacée pour stopper la cuisson. Lorsque la tomate est suffisamment froide au toucher, retirez la peau.

CHOU-FLEUR AU CUMIN RÔTI AU FENOUIL ET OIGNONS PERLÉS

DEVOIRS: 15 minutes Temps de cuisson : 25 minutes Rendement : 4 portions LÂCHE

IL Y A QUELQUE CHOSE DE PARTICULIÈREMENT SÉDUISANT VIA UNE COMBINAISON DE CHOU-FLEUR RÔTI ET DE LA SAVEUR TERREUSE ET RÔTIE DU CUMIN. CE PLAT OBTIENT UN FACTEUR DE DOUCEUR SUPPLÉMENTAIRE GRÂCE AUX GROSEILLES SÉCHÉES. SI VOUS LE SOUHAITEZ, VOUS POUVEZ AJOUTER UN PEU DE CHALEUR À L'ÉTAPE 2 AVEC ¼ À ½ CUILLÈRE À CAFÉ DE POIVRON ROUGE BROYÉ AVEC LE CUMIN ET LES GROSEILLES ROUGES.

3 cuillères à soupe d'huile de noix de coco non raffinée
1 chou-fleur moyen, coupé en bouquets de chou-fleur (4 à 5 tasses)
2 têtes de fenouil, hachées grossièrement
1½ tasses d'oignons perlés surgelés, décongelés et égouttés
¼ tasse de groseilles séchées
2 cuillères à café de cumin moulu
aneth frais haché (facultatif)

1. Chauffer l'huile de noix de coco dans une très grande poêle à feu moyen-vif. Ajouter le chou-fleur, le fenouil et les oignons perlés. Couvrir et cuire 15 minutes en remuant de temps en temps.

2. Réduire le feu à moyen-doux. Ajouter les raisins de Corinthe et le cumin dans la poêle; cuire, à découvert, environ 10 minutes ou jusqu'à ce que le chou-fleur et le fenouil soient tendres et dorés. Garnir d'aneth si vous le souhaitez.

SAUCE ÉPAISSE AUX TOMATES ET AUBERGINES AVEC COURGE SPAGHETTI

DEVOIRS:30 minutes Cuisson : 50 minutes Réfrigération : 10 minutes Cuisson : 10 minutes Rendement : 4 portions

CE PLAT D'ACCOMPAGNEMENT SAVOUREUX SE RETOURNE FACILEMENTAU PLAT PRINCIPAL. AJOUTER ENVIRON 1 LIVRE DE BŒUF HACHÉ CUIT OU DE BISON AU MÉLANGE DE TOMATES ET D'AUBERGINES APRÈS L'AVOIR LÉGÈREMENT ÉCRASÉ AVEC UN PILON À POMMES DE TERRE.

- 1 courge spaghetti de 2 à 2½ livres
- 2 cuillères à soupe d'huile d'olive
- 1 tasse d'aubergines pelées et hachées
- ¾ tasse d'oignon haché
- 1 petit poivron rouge, haché (½ tasse)
- 4 gousses d'ail, hachées
- 4 tomates rouges mûres moyennes, pelées et hachées grossièrement au goût (environ 2 tasses)
- ½ tasse de basilic frais haché

1. Préchauffer le four à 375°F. Tapisser une petite plaque à pâtisserie de papier parchemin. Couper la courge spaghetti en deux dans le sens de la longueur. Utilisez une grande cuillère pour gratter les graines et les fils. Placer la moitié de la courge, côté coupé vers le bas, sur la plaque à pâtisserie préparée. Cuire à découvert pendant 50 à 60 minutes ou jusqu'à ce que la courge soit tendre. Laisser refroidir sur une grille pendant environ 10 minutes.

2. Pendant ce temps, chauffer l'huile d'olive dans une grande poêle à feu moyen-vif. Ajouter les oignons, les aubergines et les poivrons; Cuire de 5 à 7 minutes ou jusqu'à ce que les légumes soient tendres, en remuant de temps à autre. ajouter l'ail; cuire et remuer encore 30 secondes. ajouter les tomates; Cuire de 3 à 5 minutes ou jusqu'à ce que les tomates soient tendres, en remuant de temps à autre. Utilisez un pilon à pommes de terre pour écraser légèrement le mélange. Ajouter la moitié du basilic. Couvrir et cuire 2 minutes.

3. Utilisez un gant de cuisine ou une serviette pour tenir les moitiés de courge ensemble. À l'aide d'une fourchette, gratter la chair de la courge dans un bol moyen. Répartir la courge dans quatre assiettes. Étendre uniformément la sauce. Parsemer du reste de basilic.

CHAMPIGNONS PORTOBELLO FARCIS

DEVOIRS:Cuisson 35 minutes : Cuisson 20 minutes : 7 minutes Rendement : 4 portions

POUR LE PORTOBELLO LE PLUS FRAIS,CHERCHEZ DES CHAMPIGNONS DONT LES TIGES SONT ENCORE INTACTES. LES BRANCHIES DOIVENT APPARAÎTRE HUMIDES MAIS PAS MOUILLÉES OU NOIRES ET DOIVENT ÊTRE BIEN SÉPARÉES. POUR PRÉPARER N'IMPORTE QUEL TYPE DE CHAMPIGNON POUR LA CUISSON, SÉCHEZ-LE AVEC UNE SERVIETTE EN PAPIER LÉGÈREMENT HUMIDE. NE TENEZ JAMAIS LES CHAMPIGNONS SOUS L'EAU ET NE LES PLONGEZ JAMAIS DANS L'EAU; ILS SONT TRÈS ABSORBANTS ET DEVIENNENT MOUS ET IMBIBÉS D'EAU.

- 4 gros champignons portobello (environ 1 livre au total)
- ¼ tasse d'huile d'olive
- 1 cuillère à soupe d'encens (cf<u>ordonnance</u>)
- 2 cuillères à soupe d'huile d'olive
- ½ tasse d'échalotes hachées
- 1 cuillère à soupe d'ail haché
- 1 livre de bette à carde, tiges retirées et hachées (environ 10 tasses)
- 2 cuillères à café d'épices méditerranéennes (cf<u>ordonnance</u>)
- ½ tasse de radis hachés

1. Préchauffez le four à 200 °C. Retirez les tiges des champignons et conservez-les pour l'étape 2. Grattez les lamelles des chapeaux avec la pointe d'une cuillère; jeter les branchies. Disposez les têtes de champignons dans un plat rectangulaire allant au four de 3 litres ; Badigeonner les deux côtés des champignons avec ¼ tasse d'huile d'olive. Dévissez les chapeaux des champignons pour que les côtés de la tige soient vers le haut. Saupoudrer d'épices

fumées. Couvrir la cocotte de papier d'aluminium. Cuire à couvert environ 20 minutes ou jusqu'à tendreté.

2. Pendant ce temps, hacher les pieds de champignons réservés; mettre de côté. Pour la bette à carde, retirer les lanières épaisses des feuilles et les jeter. Couper les feuilles de pomme de terre en gros morceaux.

3. Faites chauffer 2 cuillères à soupe d'huile d'olive dans une très grande poêle à feu moyen-vif. Ajouter les échalotes et l'ail; Cuire et remuer pendant 30 secondes. Ajouter les pieds de champignons hachés, la bette à carde hachée et les épices méditerranéennes. cuire, à découvert, de 6 à 8 minutes ou jusqu'à ce que les bettes soient tendres, en remuant de temps à autre.

4. Répartir le mélange de pommes de terre sur les têtes de champignons. Verser le reste du liquide sur les champignons farcis dans un plat allant au four. Garnir de radis hachés.

RADICCHIO RÔTI

DEVOIRS:20 minutes Cuisson : 15 minutes Rendement : 4 portions

LE RADICCHIO EST LE PLUS CONSOMMÉDANS LE CADRE D'UNE SALADE POUR DONNER UNE BELLE AMERTUME ENTRE LE MÉLANGE DE LÉGUMES, MAIS VOUS POUVEZ AUSSI RÔTIR OU GRILLER TOUT SEUL. RADICCHIO A UNE LÉGÈRE AMERTUME QUI NE DEVRAIT PAS ÊTRE ÉCRASANTE. RECHERCHEZ DES BOURGEONS PLUS PETITS DONT LES FEUILLES SONT FRAÎCHES ET CROQUANTES ET NON FANÉES. L'EXTRÉMITÉ COUPÉE PEUT ÊTRE UN PEU BRUNE MAIS DEVRAIT ÊTRE PRINCIPALEMENT BLANCHE. DANS CETTE RECETTE, UN FILET DE VINAIGRE BALSAMIQUE AJOUTE DE LA DOUCEUR AVANT DE SERVIR.

2 grosses têtes de radicchio

¼ tasse d'huile d'olive

1 cuillère à café d'épices méditerranéennes (cf<u>ordonnance</u>)

¼ tasse de vinaigre balsamique

1. Préchauffer le four à 200°F. Coupez le radicchio en quartiers en laissant un peu de noyau (vous devriez avoir 8 quartiers). Badigeonner les surfaces coupées des tranches de radicchio avec de l'huile d'olive. Placer les bateaux côté coupé vers le bas sur une plaque à pâtisserie; Saupoudrer d'épices méditerranéennes.

2. Griller environ 15 minutes ou jusqu'à ce que le radicchio ramollisse, en le retournant une fois à mi-cuisson. Placer le radicchio dans un bol de service. arroser de vinaigre balsamique; sers immédiatement.

FENOUIL RÔTI À LA VINAIGRETTE À L'ORANGE

DEVOIRS:25 minutes Rôtissage : 25 minutes Rendement : 4 portions

RAMASSEZ LE RESTE DE VINAIGRETTE POUR MÉLANGERSERVIR AVEC UNE SALADE VERTE OU AVEC DU PORC, DE LA VOLAILLE OU DU POISSON GRILLÉ. CONSERVEZ LES RESTES DE VINAIGRETTE DANS UN RÉCIPIENT HERMÉTIQUEMENT FERMÉ AU RÉFRIGÉRATEUR JUSQU'À 3 JOURS.

6 cuillères à soupe d'huile d'olive extra vierge, et plus pour le badigeonnage

1 gros bulbe de fenouil, nettoyé, épépiné et coupé en quartiers (réserver les feuilles pour la garniture, si désiré)

1 oignon violet, coupé en quartiers

½ orange, tranchée finement

½ tasse de jus d'orange

2 cuillères à soupe de vinaigre de vin blanc ou de vinaigre de champagne

2 cuillères à soupe de jus de pomme

1 cuillère à café de graines de fenouil moulues

1 cuillère à café de zeste d'orange finement râpé

½ cuillère à café de moutarde de Dijon (cfordonnance)

Poivre noir

1. Préchauffer le four à 425°F. Badigeonnez légèrement une grande plaque à pâtisserie d'huile d'olive. Disposer les tranches de fenouil, d'oignon et d'orange sur une plaque à pâtisserie; Arroser de 2 cuillères à soupe d'huile d'olive. Mélanger délicatement les légumes pour les enrober d'huile.

2. Griller les légumes de 25 à 30 minutes ou jusqu'à ce qu'ils soient tendres et légèrement dorés, en les retournant une fois à mi-cuisson.

3. Pendant ce temps, pour la vinaigrette à l'orange, dans un mélangeur, mélanger le jus d'orange, le vinaigre, le cidre, les graines de fenouil, le zeste d'orange, la moutarde de Dijon et le poivre au goût. Avec le mélangeur en marche, ajoutez lentement les 4 cuillères à soupe d'huile d'olive restantes en un mince filet. Continuer à mélanger jusqu'à ce que la vinaigrette épaississe.

4. Placer les légumes sur une assiette de service. Servir les légumes avec un peu de vinaigrette. Garnir des feuilles de fenouil réservées, si vous le souhaitez.

CHOU DE MILAN À LA PUNJABI

DEVOIRS : 20 minutes Cuisson : 25 minutes Rendement : 4 portions LÂCHE

C'EST INCROYABLE CE QUI SE PASSE AU CHOU NATURE, QUI EST SAVOUREUX LORSQU'IL EST MIJOTÉ AVEC DU GINGEMBRE, DE L'AIL, DU PIMENT ET DES ÉPICES INDIENNES. LA MOUTARDE RÔTIE, LA CORIANDRE ET LES GRAINES DE CUMIN AJOUTENT SAVEUR ET CROQUANT À CE PLAT. ATTENTION : IL FAIT CHAUD ! LE PIMENT À BEC D'OISEAU EST PETIT MAIS TRÈS PUISSANT, ET LE PLAT CONTIENT ÉGALEMENT DU JALAPENO. SI VOUS LE VOULEZ MOINS ÉPICÉ, UTILISEZ SIMPLEMENT DU JALAPEÑO.

- 1 bouton de gingembre frais de 2 pouces, pelé et coupé en tranches de ⅓ de pouce
- 5 gousses d'ail
- 1 gros jalapeño, équeuté, épépiné et coupé en deux (cf maigre)
- 2 cuillères à café de Garam Masala sans sel ajouté
- 1 cuillère à café de curcuma moulu
- ½ tasse de bouillon d'os de poulet (cf ordonnance) ou bouillon de poulet non salé
- 3 cuillères à soupe d'huile de noix de coco raffinée
- 1 cuillère à soupe de graines de moutarde noire
- 1 cuillère à café de graines de coriandre
- 1 cuillère à café de cumin
- 1 piment bec d'oiseau entier (piment arbre) (cf maigre)
- 1 bâton de cannelle de 3 pouces
- 2 tasses d'oignons jaunes émincés finement (environ 2 moyens)
- 12 tasses de chou frisé, épépiné, tranché finement (environ 1½ livre)
- ½ tasse de coriandre fraîche, hachée (facultatif)

1. Mélanger le gingembre, l'ail, le jalapeño, le garam masala, le curcuma et ¼ tasse de bouillon d'os de poulet dans un robot culinaire ou un mélangeur. Couvrir et traiter ou mélanger jusqu'à consistance lisse; mettre de côté.

2. Dans une très grande poêle, mélanger l'huile de noix de coco, les graines de moutarde, les graines de coriandre, les graines de cumin, le piment et le bâton de cannelle. Cuire à feu moyen-élevé, en secouant fréquemment la casserole, pendant 2 à 3 minutes ou jusqu'à ce que les bâtons de cannelle éclatent (attention, les graines de moutarde vont se fissurer et éclabousser pendant la cuisson). ajouter les oignons; cuire et remuer pendant 5 à 6 minutes ou jusqu'à ce que l'oignon soit légèrement doré. Ajouter le mélange de gingembre. Cuire de 6 à 8 minutes ou jusqu'à ce que le mélange soit bien caramélisé, en remuant souvent.

3. Ajouter le chou et le reste du bouillon d'os de poulet; bien mélanger. Couvrir et cuire environ 15 minutes ou jusqu'à ce que le chou soit tendre, en remuant deux fois. Découvrir la casserole. Cuire et remuer pendant 6 à 7 minutes ou jusqu'à ce que le chou soit légèrement doré et que l'excès de bouillon d'os de poulet se soit évaporé.

4. Retirez et jetez le bâton de cannelle et le piment. Saupoudrez de coriandre si vous le souhaitez.

COURGE MUSQUÉE RÔTIE À LA CANNELLE

DEVOIRS:Rôtir pendant 20 minutes : 30 minutes donne : 4 à 6 portions

UNE PINCÉE DE POIVRE DE CAYENNEAJOUTE UNE TOUCHE ÉPICÉE À CES CUBES DE CITROUILLE RÔTIS SUCRÉS. IL EST FACILE DE SAUTER SI VOUS VOULEZ. SERVEZ CE PLAT D'ACCOMPAGNEMENT FACILE AVEC DU RÔTI DE PORC OU DES CÔTELETTES DE PORC.

- 1 courge musquée (environ 2 livres), pelée, épépinée et coupée en cubes de ¾ de pouce
- 2 cuillères à soupe d'huile d'olive
- ½ cuillère à café de cannelle moulue
- ¼ cuillère à café de poivre noir
- ⅛ cuillère à café de poivre de Cayenne

1. Préchauffer le four à 400°F. Dans un grand bol, mélanger la citrouille avec l'huile d'olive, la cannelle, le poivre noir et le poivre de Cayenne. Tapisser une grande plaque à pâtisserie de papier parchemin. Étaler la courge en une seule couche sur la plaque à pâtisserie.

2. Griller de 30 à 35 minutes ou jusqu'à ce que la courge soit tendre et dorée sur les bords, en remuant une ou deux fois.

ASPERGES GRILLÉES AVEC UN OEUF TAMISÉ ET DES NOIX

DU DÉBUT À LA FIN : 15 minutes donne : 4 portions

CECI EST UNE VERSION D'UN CLASSIQUEUN PLAT DE LÉGUMES FRANÇAIS APPELÉ ASPASMIMOSA, AINSI NOMMÉ PARCE QUE LE PLAT VERT, BLANC ET JAUNE RESSEMBLE À LA FLEUR DU MÊME NOM.

1 livre d'asperges fraîches, hachées

5 cuillères à soupe de vinaigrette à l'ail grillé (cf<u>ordonnance</u>)

1 œuf dur, écalé

3 cuillères à soupe de noix concassées, grillées (cf<u>maigre</u>)

poivre noir fraîchement moulu

1. Placez la grille du four à 4 pouces de l'élément chauffant; Préchauffer le gril à feu vif.

2. Étalez les asperges sur une plaque à pâtisserie. Arroser de 2 cuillères à soupe de vinaigrette à l'ail rôti. Rouler les asperges avec les mains pour les enrober de vinaigrette. Griller de 3 à 5 minutes ou jusqu'à ce qu'ils soient tendres et tendres, en retournant les asperges à chaque minute. Mettre sur une assiette de service.

3. Coupez l'œuf en deux ; Pressez un œuf à travers un tamis sur les asperges. (Vous pouvez également râper l'œuf avec les gros trous sur une râpe.) Mélanger les asperges et l'œuf avec les 3 cuillères à soupe restantes de la vinaigrette à l'ail grillé. Garnir de noix et saupoudrer de poivre.

SALADE DE CHOU CROUSTILLANTE AUX RADIS, MANGUE ET MENTHE

DU DÉBUT À LA FIN :20 minutes donne : 6 portions<u>LÂCHE</u>

3 cuillères à soupe de jus de citron frais

¼ cuillère à café de poivre de Cayenne

¼ cuillère à café de cumin moulu

¼ tasse d'huile d'olive

4 tasses de chou râpé

1½ tasse de radis très fins

1 tasse de mangue mûre coupée en dés

½ tasse d'échalotes hachées

⅓ tasse de menthe fraîche hachée

1. Pour garnir, mélanger le jus de citron, le poivre de Cayenne et le cumin moulu dans un grand bol. Ajouter l'huile d'olive en un mince filet.

2. Placer le chou, les radis, la mangue, l'oignon et la menthe dans un bol pour la vinaigrette. Bien mélanger pour combiner.

RONDELLES DE CHOU RÔTIES À LA VACHE AU CITRON

DEVOIRS:10 minutes de rôtissage : 30 minutes donne : 4 à 6 portions

3 cuillères à soupe d'huile d'olive
1 chou moyen, coupé en tranches de 1 cm
2 cuillères à café de moutarde de Dijon (cf<u>ordonnance</u>)
1 cuillère à café de zeste de citron finement râpé
¼ cuillère à café de poivre noir
1 cuillère à café de cumin
Tranches de citrons

1. Préchauffer le four à 400°F. Badigeonner une grande plaque à pâtisserie avec 1 cuillère à soupe d'huile d'olive. Disposer les rouleaux de chou sur la plaque à pâtisserie; mettre de côté.

2. Dans un petit bol, mélanger les 2 cuillères à soupe d'huile d'olive restantes, la moutarde de Dijon et le zeste de citron. Étalez les tranches de chou sur une plaque à pâtisserie en vous assurant que la moutarde et le zeste de citron sont bien répartis. Saupoudrer de poivre et de cumin.

3. Griller de 30 à 35 minutes ou jusqu'à ce que le chou soit tendre et doré. Servir avec des quartiers de citron pressés sur le chou.

CHOU RÔTI AU SPRAY BALSAMIQUE À L'ORANGE

DEVOIRS : 15 minutes Rôtissage : 30 minutes Rendement : 4 portions

3 cuillères à soupe d'huile d'olive
1 petite tête de chou, évidée et coupée en 8 quartiers
½ cuillère à café de poivre noir
⅓ tasse de vinaigre balsamique
2 cuillères à café de zeste d'orange finement râpé

1. Préchauffer le four à 450°F. Badigeonner une grande plaque à pâtisserie avec 1 cuillère à soupe d'huile d'olive. Disposez les tranches de chou sur la plaque de cuisson. Badigeonner le chou avec les 2 cuillères à soupe d'huile d'olive restantes et saupoudrer de poivre.

2. Griller le chou pendant 15 minutes. retourner les tranches de chou ; Griller environ 15 minutes de plus ou jusqu'à ce que le chou soit tendre et que les bords soient dorés.

3. Mélanger le vinaigre balsamique et le zeste d'orange dans une petite casserole. Porter à ébullition à feu moyen ; réduire. Laisser mijoter à découvert environ 4 minutes ou jusqu'à réduction de moitié. Arroser les tranches de chou rôties ; sers immédiatement.

www.ingramcontent.com/pod-product-compliance
Lightning Source LLC
Chambersburg PA
CBHW071426080526
44587CB00014B/1755